contributions, sur lequel un juge sera commis par le président, sur la réquisition du saisissant ou, à son défaut, de la partie la plus diligente; cette réquisition sera faite par simple note portée sur le registre.

659. Après l'expiration des délais portés aux art. 656 et 657, et en vertu de l'ordonnance du juge-commis, les créanciers seront sommés de produire, et la partie saisie de prendre communication des pièces produites, et de contredire, s'il y échet.

660. Dans le mois de la sommation, les créanciers opposans, soit entre les mains du saisissant, soit en celles de l'officier qui aura procédé à la vente, produiront, à peine de forclusion, leurs titres ès mains du juge-commis, avec acte contenant demande en collocation et constitution d'avoué.

661. Le même acte contiendra la demande à fin de privilége; néanmoins le Propriétaire pourra appeler la partie saisie et l'avoué plus ancien en référé devant le juge-commissaire, pour faire statuer préliminairement sur son privilége pour raison des loyers à lui dus.

662. Les frais de poursuite seront prélevés, par privilége, avant toute créance autre que celle pour loyers dus au propriétaire.

640. L'exploit de saisie vaudra toujours saisie-arrêt des arrérages échus et à échoir jusqu'à la distribution.

641. Dans les trois jours de la saisie, outre un jour pour trois myriamètres de distance entre le domicile du débiteur de la rente et celui du saisissant, et pareil délai en raison de la distance entre le domicile de ce dernier et celui de la partie saisie, le saisissant sera tenu, à peine de nullité de la saisie, de la dénoncer à la partie saisie, et de lui notifier le jour de la première publication.

642. Lorsque le débiteur de la rente sera domicilié hors du continent de l'Empire, le délai pour la dénonciation ne courra que du jour de l'échéance de la citation au saisi.

643. Quinzaine après la dénonciation à la partie saisie, le saisissant sera tenu de mettre au greffe du tribunal du domicile de la partie saisie le cahier des charges contenant les noms, professions et demeures du saisissant, de la partie saisie et du débiteur de la rente; la nature de la rente, sa quotité, celle du capital, la date et l'énonciation du titre en vertu duquel elle est constituée; l'énonciation de l'inscription, si le titre contient hypothèque, et si aucune a été prise pour la sûreté de la

RÉPERTOIRE GÉNÉRAL

DES

INVENTIONS AVEC BREVETS,

ET NOTICE, tant alphabétique que par ordre de dates, des Objets de ces Inventions ou Découvertes, depuis l'origine des Brevets jusqu'à ce jour; contenant:

1°. Les Lois générales relatives aux Inventions et aux Brevets; le Décret impérial qui institue des prix décennaux pour les Ouvrages de Sciences, de Littérature, d'Arts, etc.; les dates des Proclamations des Artistes brevetés.
2°. La désignation exacte des Brevets par ordre de date de leur délivrance, contenant plus de 400 articles, avec les Objets d'invention, les noms et demeures des Inventeurs.
3°. Une Table alphabétique détaillée des Matières ou Objets relatifs aux différentes Inventions et Découvertes.
4°. La Liste alphabétique des Inventeurs, Auteurs et Artistes brevetés.

Ouvrage utile, non-seulement aux Artistes qui ont obtenu des Brevets d'Invention, mais encore à tous ceux qui désireroient en obtenir, et à toutes les personnes qui ont le besoin ou le désir de connoître ou de se procurer les Objets de ces Découvertes.

A PARIS,

A la Maison de Commission en Librairie, rue Saint-André-des-Arts, N°. 39.

1806.

Ouvrages nouveaux qui se trouvent à la même adresse.

Mémoires pour servir à l'Histoire de la Guerre de la Vendée, par M. le comte de ***, 1 vol. in-8°. Prix 5 fr., et 6 fr. 50 centimes franc de port.

Rose Mulgrave, Roman, par Mde. Adel. de C***, avec cet épigraphe :

> Des maux qui des mortels rendent le sort pénible,
> Supporte, quel qu'il soit, ton lot sans murmurer ;
> Mais cherche à l'adoucir autant qu'il est possible.

3 vol. in-12. Prix 6 fr., et 7 fr. 50 centimes franc de port.

Précis de la Défense de Valenciennes, assiégée, en 1793, par l'armée combinée d'Autriche et d'Angleterre, sous les ordres du duc d'Yorck et du prince de Cobourg ;
Par le général de division J. H. Becays Ferrand, commandant en chef la garnison de la place, in-8°. Prix 1 fr. 25 centimes, et 1 fr. 50 cent. franc de port par la poste.

Sous presse, pour paraître incessamment.

Les Aventures de Caleb Williams, traduites de l'anglois sur la cinquième édition, 3 vol. in-12 avec figures.

On se charge de toutes les Commissions de Livres, et on fournit tous ceux qui sont demandés aux prix les plus justes.

AVIS.

L'UTILITÉ, dont il est, pour les Artistes qui ont obtenu des Brevets d'Invention, et pour toutes les personnes qui désirent se procurer les produits de leurs découvertes ou acquérir des connoissances relatives aux différens articles qui en font l'objet, a déterminé la publication de ce *Répertoire*.

Pour faciliter au Lecteur les recherches qui lui sont nécessaires, on a mis chaque Brevet non-seulement par ordre de sa date, mais encore par ordre de numéros, auxquels on renvoie dans la Table raisonnée des matières. On y a joint aussi une Table alphabétique de tous les Brevetés.

Il a paru utile et nécessaire aux Brevetés et à ceux qui auroient droit à le devenir, de faire précéder ce *Recueil* de toutes les Lois rendues à ce sujet, tant celles qui assurent la propriété des Inventeurs que celles relatives au mode de la délivrance des Brevets, ainsi que des Modèles de dépôt des Verbaux de demandes; ceux des Brevets; ceux des transports desdits Brevets; enfin le Tarif des droits à payer, tant pour leur durée que pour leur enregistrement.

Il seroit inutile de développer davantage l'utilité de cet Ouvrage, qui devient nécessaire à toutes les classes d'Artistes, Fabricans, Négocians, etc., etc.

TABLE DES MATIÈRES.

RÉPERTOIRE GÉNÉRAL DES INVENTIONS AVEC BREVETS, etc.

LOI *relative aux Découvertes utiles, et aux moyens d'en assurer la propriété à ceux qui seront reconnus en être les Auteurs.*

Donnée à Paris, le 7 janvier 1791.

LOUIS, par la grâce de Dieu, et par la Loi constitutionnelle de l'État, ROI DES FRANÇAIS : A tous présens et à venir ; SALUT.

L'ASSEMBLÉE NATIONALE a décrété, et Nous voulons et ordonnons ce qui suit :

Décret de l'Assemblée Nationale, du 31 Décembre 1790.

L'ASSEMBLÉE NATIONALE, considérant que toute idée nouvelle, dont la manifestation ou le développement peut devenir utile à la société, appartient primitivement à celui qui l'a conçue ; et que ce seroit attaquer les *droits de l'homme* dans leur essence, que de ne pas regarder *une découverte industrielle* comme la propriété de son auteur ; considérant en même temps combien le défaut d'une déclaration positive et authentique de cette vérité peut avoir contribué, jusqu'à présent, à décourager l'industrie française, en occasionnant l'émigration de plusieurs artistes distingués, et en faisant passer à l'étranger un grand nombre d'inventions nouvelles, dont cet Empire auroit dû tirer les premiers avantages ; considérant enfin que tous les principes de justice, d'ordre public et d'intérêt national lui commandent impérieusement de fixer désormais l'opinion des Citoyens français sur ce genre de propriété, par une Loi qui la consacre et qui la protége, décrète ce qui suit :

ARTICLE PREMIER.

Toute découverte ou nouvelle invention, dans tous les genres d'industrie, est la propriété de son auteur; en conséquence, la Loi lui en garantit la pleine et entière jouissance, suivant le mode et pour le temps qui seront ci-après déterminés.

I I.

Tout moyen d'ajouter à quelque fabrication que ce puisse être, un nouveau genre de perfection, sera regardé comme une invention.

I I I.

Quiconque apportera le premier en France une découverte étrangère, jouira des mêmes avantages que s'il en étoit l'inventeur.

I V.

Celui qui voudra conserver ou s'assurer une propriété industrielle du genre de celles énoncées aux précédens articles, sera tenu:

1o. De s'adresser au secrétariat du Directoire de son Département, et d'y déclarer par écrit si l'objet qu'il présente est d'invention, de perfection ou seulement d'importation.

2°. De déposer sous cachet une description exacte des principes, moyens et procédés qui constituent la découverte, ainsi que les plans, coupes dessins et modèles qui pourroient y être relatifs, pour, ledit paquet, être ouvert au moment où l'inventeur recevra son titre de propriété.

V.

Quant aux objets d'une utilité générale, mais d'une exécution trop simple et d'une imitation trop facile, pour établir aucune spéculation commerciale, et dans tous les cas, lorsque l'inventeur aimera mieux traiter directement avec le Gouvernement, il lui sera libre de s'adresser, soit aux Assemblées administratives, soit au Corps législatif, s'il y a lieu, pour confier sa découverte, en démontrer les avantages et solliciter une récompense.

VI.

Lorsqu'un inventeur aura préféré aux avantages personnels assurés par la Loi, l'honneur de faire jouir sur-le-champ la Nation des fruits de sa découverte ou invention, et lorsqu'il prouvera, par la notoriété publique et par des attestations légales, que cette découverte ou invention est d'une véritable utilité, il pourra lui être accordé une récompense sur les fonds destinés aux encouragemens de l'industrie.

VII.

Afin d'assurer à tout inventeur la propriété et la jouissance temporaire de son invention, il lui sera délivré un *titre* ou *patente*, selon la forme indiquée dans le règlement qui sera dressé pour l'exécution du présent décret.

VIII.

Les patentes seront données pour cinq, dix ou quinze années, au choix de l'inventeur ; mais ce dernier terme ne pourra jamais être prolongé sans un décret particulier du Corps législatif.

IX.

L'exercice des patentes accordées pour une découverte importée d'un pays étranger, ne pourra s'étendre au-delà du terme fixé dans ce pays à l'exercice du premier inventeur.

X.

Les patentes expédiées en parchemin et scellées du sceau national, seront enregistrées dans les secrétariats des directoires de tous les départemens du Royaume, et il suffira, pour les obtenir, de s'adresser à ces directoires, qui se chargeront de les procurer à l'inventeur.

X I.

Il sera libre à tout citoyen d'aller consulter au secrétariat de son département le catalogue des inventions nouvelles ; il sera libre de même à tout citoyen domicilié, de consulter, au dépôt général établi à cet effet, les *spécifications* des différentes patentes actuellement en exercice; cependant les *descriptions* ne seront point communiquées, dans le cas où l'inventeur, ayant jugé que des raisons politiques ou commerciales exigent le secret de sa découverte, se seroit présenté au Corps législatif pour lui exposer ses motifs, et en auroit obtenu un décret particulier sur cet objet.

Dans le cas où il sera déclaré qu'une description demeurera secrète, il sera nommé des commissaires pour veiller à l'exactitude de la description, d'après la vue des moyens et procédés, sans que l'auteur cesse pour cela d'être responsable par la suite de cette exactitude.

XII.

Le propriétaire d'une patente jouira privativement de l'exercice et des fruits des découverte, invention ou perfection pour lesquelles ladite patente aura été obtenue; en conséquence, il pourra, en donnant bonne et suffisante caution, requérir la saisie des objets contrefaits, et traduire les contrefacteurs devant les tribunaux; lorsque les contrefacteurs seront convaincus, ils seront condamnés, en sus de la confiscation, à payer à l'inventeur des dommages intérêts proportionnés à l'importance de la contrefaçon, et en outre à verser dans la caisse des pauvres du district, une amende fixée au quart du montant desdits dommages intérêts, sans toutefois que ladite amende puisse excéder la somme de trois mille livres, et au double en cas de récidive.

XIII.

Dans le cas où la dénonciation pour contrefaçon, d'après laquelle la saisie auroit eu lieu, se trouveroit dénuée de preuves, l'inventeur sera condamné, envers sa partie adverse, à des dommages et intérêts proportionnés au trouble et au préjudice qu'elle aura pu éprouver, et en outre à verser dans la caisse des pauvres du district une amende fixée au quart du montant desdits dommages et intérêts, sans toutefois que ladite amende puisse excéder la somme de trois mille livres, et au double en cas de récidive.

XIV.

Tout propriétaire de patente aura droit de former des établissemens dans toute l'étendue du royaume, et même d'autoriser d'autres particuliers à faire l'application et l'usage de ses moyens et procédés ; et dans tous les cas, il pourra disposer de sa patente, comme d'une propriété mobiliaire.

X V.

A l'expiration de chaque patente, la découverte ou invention devant appartenir à la société, la description en sera rendue publique, et l'usage en deviendra permis dans tout le royaume, afin que tout citoyen puisse librement l'exercer et en jouir, à moins qu'un décret du Corps législatif n'ait prorogé l'exercice de la patente, ou n'en ait ordonné le secret dans les cas prévus par l'art. XI.

X V I.

La description de la découverte énoncée dans une patente, sera de même rendue publique ; et l'usage des moyens et procédés relatifs à cette découverte, sera aussi déclaré libre dans tout le royaume, lorsque le propriétaire de la patente en sera déchu, ce qui n'aura lieu que dans les cas ci-après déterminés :

1°. Tout inventeur convaincu d'avoir, en donnant sa description, recélé ses véritables moyens d'exécution, sera déchu de sa patente.

2°. Tout inventeur convaincu de s'être servi, dans ses fabrications, de moyens secrets qui n'auroient pas donné sa déclaration, pour les faire ajouter à ceux énoncés dans sa description, sera déchu de sa patente.

3°. Tout inventeur ou se disant tel, qui sera convaincu d'avoir obtenu une patente pour des découvertes déjà consignées et décrites dans des ouvrages imprimés et publiés, sera déchu de sa patente.

4°. Tout inventeur qui, dans l'espace de deux ans, à compter de la date de sa patente, n'aura point mis sa découverte en activité, et qui n'aura point justifié les raisons de son inaction, sera déchu de sa patente.

5°. Tout inventeur qui, après avoir obtenu une patente en France, sera convaincu d'en avoir pris une pour le même objet en pays étranger, sera déchu de sa patente.

6°. Enfin, tout acquéreur du droit d'exercer une découverte énoncée dans une patente sera soumis aux mêmes obligations que l'inventeur, et s'il y contrevient, la patente sera révoquée, la découverte publiée, et l'usage en deviendra libre dans tout le royaume.

X V I I.

N'entend l'Assemblée Nationale porter aucune atteinte aux priviléges exclusifs ci-devant accordés pour *inventions et découvertes*, lorsque toutes les formes légales auront été observées pour ces priviléges, lesquels auront leur plein et entier effet, et seront au surplus les possesseurs de ces anciens priviléges assujettis aux dispositions du présent Décret.

Les autres priviléges fondés sur de simples Arrêts du Conseil, ou sur des Lettres Patentes non-enregistrées, seront convertis, sans frais, *en patentes*, mais seulement pour le temps qui leur reste à courir, en justifiant que lesdits priviléges ont été obtenus pour découvertes et inventions du genre de celles énoncées aux précédens articles.

Pourront les propriétaires desdits anciens priviléges enregistrés, et de ceux convertis en patentes, en disposer à leur gré, conformément à l'article XIV.

XVIII.

Le Comité d'Agriculture et de Commerce, réuni au Comité des Impositions, présentera à l'Assemblée Nationale un projet de règlement qui fixera les taxes des patentes d'inventeurs, suivant la durée de leur exercice, et qui embrassera tous les détails relatifs à l'exécution des divers articles contenus au présent Décret.

Mandons et ordonnons à tous les Tribunaux, Corps administratifs et Municipalités, que les présentes ils fassent transcrire sur leurs registres, lire, publier et afficher dans leurs ressorts et départemens respectifs, et exécuter comme Loi du Royaume. En foi de quoi nous avons signé et fait contresigner cesdites présentes, auxquelles nous avons fait apposer le Sceau de l'État. A Paris, le septième jour de janvier, l'an de grâce mil sept cent quatre-vingt-onze, et de notre règne le dix-septième. *Signé* LOUIS.

Et plus bas, M. L. F. Du Port.

Et scellées du Sceau de l'État.

Loi *portant réglement sur la propriété des Auteurs d'Inventions et Découvertes en tout genre d'industrie.*

Donnée à Paris, le 25 Mai 1791.

Louis, par la grâce de Dieu et par la Loi constitutionnelle de l'Etat, Roi des Français : à tous présens et à venir ; Salut. L'Assemblée nationale a décrété, et nous voulons et ordonnons ce qui suit :

Décret de l'Assemblée Nationale, des 29, 31 mars, 7 avril et 14 mai 1791.

Règlement pour l'exécution de la Loi du 7 janvier 1791, sur la propriété des Auteurs d'Inventions et Découvertes en tout genre d'industrie.

TITRE PREMIER.

ARTICLE PREMIER.

En conformité des trois premiers articles de la Loi du 7 janvier 1791, relative aux nouvelles découvertes et inventions en tout genre d'industrie, il sera délivré sur une simple requête au Roi, et sans examen préalable, des *Patentes nationales*, sous la dénomination de *Brevets d'invention* (dont le modèle est annexé au présent réglement, sous le numéro III) à toutes personnes qui voudront exécuter ou faire exécuter dans le royaume des objets d'industrie jusqu'alors inconnus.

I I.

Il sera établi à Paris, conformément à l'article XI de la Loi, sous la surveillance et l'autorité du Ministre de l'intérieur, chargé de délivrer lesdits brevets, un dépôt général sous le nom de *Directoire des brevets d'invention*, où ces brevets seront expédiés ensuite des formalités préalables, et selon le mode ci-après déterminé.

I I I.

Le directoire des brevets d'invention expédiera lesdits brevets sur les demandes qui lui parviendront des secrétariats des Départemens. Ces demandes contiendront le nom du demandeur, sa proposition et sa requête au Roi; il y sera joint un paquet renfermant la description exacte de tous les moyens qu'on se propose d'employer, et à ce paquet seront ajoutés les dessins, modèles et autres pièces jugées nécessaires pour l'explication de l'énoncé de la demande, le tout avec la signature et sous le cachet du demandeur. Au dos de l'enveloppe de ce paquet, sera inscrit un procès-verbal (dans la forme jointe au présent réglement, sous le numéro 1er) signé par le secrétariat du Département et par le demandeur, auquel il sera délivré un double dudit procès-verbal, afin de constater l'objet de la demande, la remise des pièces, la date du dépôt, l'acquit de la taxe, ou la soumission de la payer suivant le prix et dans le délai qui seront fixés au présent réglement.

I V.

Les directoires des départemens, non plus que le directoire des brevets d'invention, ne recevront aucune demande qui contienne plus d'un d'un objet principal avec les objets de détail qui pourront y être relatifs.

V.

Les directoires des départemens seront tenus d'adresser au directoire des brevets d'invention, les paquets des demandeurs, revêtus des formes ci-dessus prescrites, dans la semaine même où la demande aura été présentée.

VI.

A l'arrivée de la dépêche du secrétariat du département au directoire des brevets d'invention, le procès-verbal inscrit au dos du paquet sera enregistré, le paquet sera ouvert, et le brevet sera sur le champ dressé d'après le modèle annexé au présent réglement (sous le numéro II). Ce brevet renfermera une copie exacte de la description, ainsi que des dessins et modèles annexés au procès-verbal; ensuite de quoi, ledit brevet sera scellé et envoyé au département, sous le cachet du directoire des brevets d'invention. Il sera en même temps adressé à tous les tribunaux et départemens du royaume une *proclamation du Roi* relative au brevet d'invention, et dans la forme ci-jointe (numéro III), et ces proclamations seront enregistrées par ordre de date, et affichées dans lesdits tribunaux et départemens.

VII.

Les descriptions des objets dont le Corps législatif, dans les cas prévus par l'article XI de la loi du 7 janvier, aura ordonné le secret, seront ouvertes et inscrites par numéros au directoire des inventions, dans un registre particulier, en présence de commissaires nommés à cet effet, conformément audit article de la loi; ensuite ces descriptions seront cachetées de nouveau, et procès-verbal en sera dressé par lesdits commissaires. Le décret qui aura ordonné de les tenir secrètes, sera transcrit au dos du paquet; il en sera fait mention dans la proclamation du Roi, et le paquet demeurera cacheté jusqu'à la fin de l'exercice du brevet, à moins qu'un décret du Corps législatif n'en ordonne l'ouverture.

VIII.

Les prolongations de brevets qui, dans des cas très-rares et pour des raisons majeures, pourront être accordées par le corps législatif, seulement pendant la durée de la législature, seront enregistrées dans un registre particulier au directoire des inventions, qui sera tenu de donner connoissance de cet enregistrement aux différens départemens et tribunaux du royaume.

IX.

Les arrêts du conseil, lettres patentes, mémoires descriptifs, tous documens et pièces relatives à des priviléges d'invention, ci-devant accordés pour des objets d'industrie, dans quelque dépôt public qu'ils se trouvent, seront réunis incessamment au directoire des brevets d'invention.

X.

Les frais de l'établissement ne seront point à la charge du trésor public; ils seront pris uniquement sur le produit de la taxe des brevets d'invention, et le surplus employé à l'avantage de l'industrie nationale.

TITRE II.

ARTICLE PREMIER.

Celui qui voudra obtenir un brevet d'invention, sera tenu, conformément à l'article IV de la loi du 7 janvier, de s'adresser au secrétariat du directoire de son département, pour y remettre sa requête au Roi, avec la description de ses moyens, ainsi que les dessins et modèles relatifs à l'objet de sa demande, conformément à l'article III du titre Ier; il y joindra un état fait double et signé par lui, de toutes les pièces contenues dans le paquet: un de ces doubles devra être renvoyé au secrétariat du département par le directeur des brevets d'invention, qui se chargera de toutes les pièces par son *récépissé* au bas dudit état.

II.

Le demandeur aura le droit, avant de signer le procès-verbal, de se faire donner communication du catalogue de tous les objets pour lesquels il aura été expédié des brevets, afin de juger s'il doit ou non persister dans sa demande.

I I I.

Le demandeur sera tenu, conformément à l'article III du titre Ier, d'acquitter au secrétariat du département, la taxe du brevet suivant le tarif annexé au présent réglement (sous le numéro IV); mais il lui sera libre de ne payer que la moitié de cette taxe en présentant sa requête, et de déposer sa soumission d'acquitter le reste de la somme dans le délai de six mois.

I V.

Si la soumission du breveté n'est point remplie au terme prescrit, le brevet qui lui aura été délivré sera de nul effet; l'exercice de son droit deviendra libre, et il en sera donné avis à tous les départemens, par le directoire des brevets d'invention.

V.

Toute personne pourvue d'un brevet d'invention, sera tenue d'acquitter, en sus de la taxe dudit brevet, la taxe des patentes annuelles imposée à toutes les professions d'arts et métiers, par la loi du 17 mars 1791.

VI.

Tout propriétaire de brevet qui voudra faire des changemens à l'objet énoncé dans sa première demande, sera obligé d'en faire sa déclaration, et de remettre la description de ses nouveaux moyens au secrétariat du département, dans la forme et de la manière prescrite par l'article I.er du présent titre ; et il sera observé à cet égard les mêmes formalités entre les directoires des départemens et celui des brevets d'invention.

VII.

Si ce breveté ne veut jouir privativement de l'exercice de ses nouveaux moyens, que pendant la durée de son brevet, il lui sera expédié par le directoire des brevets d'invention, un certificat dans lequel sa nouvelle déclaration sera mentionnée, ainsi que la remise du paquet contenant la description de ses nouveaux moyens.

Il lui sera libre aussi de prendre successivement de nouveaux brevets pour lesdits changemens, à mesure qu'il en voudra faire, ou de les faire réunir dans un seul brevet quand il les représentera collectivement.

Ces nouveaux brevets seront expédiés de la même manière et dans la même forme que les brevets d'invention, et ils auront les mêmes effets.

VIII.

Si quelque personne annonce un moyen de perfection pour une invention déjà brevetée, elle obtiendra sur sa demande un brevet pour l'exercice privatif dudit moyen de perfection, sans qu'il lui soit permis, sous aucun prétexte, d'exécuter ou de faire exécuter l'invention principale; et réciproquement, sans que l'inventeur puisse faire exécuter par lui-même le nouveau moyen de perfection.

Ne seront point admis au rang des *perfections industrielles*, les changemens de formes ou de proportions, non plus que les ornemens, de quelque genre que ce puisse être.

I X.

Tout concessionnaire de brevet obtenu pour un objet que les tribunaux auront jugé contraire aux loix du royaume, à la sûreté publique ou aux réglemens de police, sera déchu de son droit, sans pouvoir prétendre d'indemnité, sauf au ministère public à prendre, suivant l'importance du cas, telles conclusions qu'il appartiendra.

X.

Lorsque le propriétaire d'un brevet sera troublé dans l'exercice de son droit privatif, il se pourvoira, dans les formes prescrites pour les autres procédures civiles, devant le juge de paix, pour faire condamner le contrefacteur aux peines prononcées par la loi.

X I.

Le juge de paix entendra les parties et leurs témoins, ordonnera les vérifications qui pourront

ont être nécessaires; et le jugement qu'il prononcera sera exécuté provisoirement, nonobstant l'appel.

X I I.

Dans le cas où une saisie juridique n'auroit pu faire découvrir aucun objet fabriqué ou débité en fraude, le dénonciateur supportera les peines énoncées dans l'article XIII de la loi, à moins qu'il ne légitime sa dénonciation par des preuves légales, auquel cas il sera exempt desdites peines, sans pouvoir néanmoins prétendre aucuns dommages-intérêts.

X I I I.

Il sera procédé de même, en cas de contestation entre deux brevetés pour le même objet : si la ressemblance est déclarée absolue, le brevet de date antérieure demeurera seul valide : s'il y a dissemblance en quelques parties, le brevet de date postérieure pourra être converti, sans payer de taxe, en brevet de perfection, pour les moyens qui ne seroient point énoncés dans le brevet de date antérieure.

X I V.

Le propriétaire d'un brevet pourra contracter telle société qu'il lui plaira pour l'exercice de son droit, en se conformant aux usages du commerce; mais il lui sera interdit d'établir son entreprise par *actions*, à peine de déchéance de l'exercice de son brevet.

X V.

Lorsque le propriétaire d'un brevet aura cédé son droit en tout ou en partie (ce qu'il ne pourra faire que par un acte notarié), les deux parties contractantes seront tenues, à peine de nullité, de faire enregistrer ce transport (suivant le modèle sous le numéro V) au secrétariat de leurs départemens respectifs, lesquels en informeront aussitôt le directoire des brevets d'invention, afin que celui-ci en instruise les autres départemens.

X V I.

En exécution de l'article XVII de la loi du 7 janvier, tous les possesseurs de priviléges exclusifs, maintenus par ledit article, seront tenus, dans le délai de six mois après la publication du présent réglement, de faire enregistrer au directoire d'invention les titres de leurs priviléges, et d'y déposer les descriptions des objets privilégiés, conformément à l'article Ier du présent titre, le tout à peine de déchéance.

TITRE III.

ARTICLE PREMIER.

L'Assemblée nationale renvoie au Ministre de l'Intérieur les mesures à prendre pour l'exécution du réglement sur la loi des brevets d'invention, et le charge de présenter incessamment à l'Assemblée les dispositions qu'il jugera nécessaires pour assurer cette partie du service public.

N°. I.

Modèle d'un verbal de dépôt pour un brevet d'invention.

N°. . . . . département de . . . . . . aujourd'hui . . . . . jour du mois de . . . . . 179 à . . . . heures du matin (ou du soir) le sieur N. a (ou les sieurs N. N. ont) déposé entre nos mains le présent paquet scellé de son (ou de leur) cachet, qu'il nous a (ou ont) dit renfermer toutes les pièces descriptives (*ici l'énoncé fidèle de l'objet*), pour lequel objet il se propose (ou ils se proposent) d'obtenir un brevet d'invention de 5 (10 ou 15) années, ainsi qu'il est porté dans la requête aussi contenue dans ledit paquet. Nous a (ou ont) déclaré ledit sieur N. (ou lesdits sieurs N. N.) qu'il est (ou qu'ils sont) inventeur (ou inventeurs), perfectionneur (ou perfectionneurs), importateur (ou importateurs) dudit objet; il nous a (ou ont) remis le montant de la moitié, et sa (ou leur) soumission pour payer dans . . . . mois . . . . l'autre moitié du droit de brevet d'invention, fixé dans le réglement du . . . . sur la loi du 7 janvier 1791, en nous priant de faire parvenir, dans le plus court délai, ce paquet au directoire des brevets d'invention; ce que nous avons promis. Desquels dépôt et réquisition, ledit sieur N. nous a (ou lesdits N. N. nous ont) demandé acte, que nous lui (ou leur) avons accordé; et après l'apposition du sceau de notre département, l'avons (ou les avons) invités de signer avec nous, et a (ou ont) signé. Fait au secrétariat du directoire du département de .... le .... 179 ...

Signé N. N. N.

N°. II.

Modèle de Brevet d'invention.

Louis, par la grâce de Dieu et par la Loi constitutionnelle de l'Etat, Roi des Français: A tous présens et à venir; Salut.

N. citoyen de (ou N. N. citoyens de).... nous ayant fait exposer qu'il desire (ou qu'ils desirent) jouir des droits de propriété assurés par la loi du 7 janvier 1791, aux auteurs des découvertes et inventions en tout genre d'industrie, et en conséquence obtenir un brevet d'invention qui durera l'espace de (*ici l'on énoncera en toutes lettres si c'est pour* 5, *pour* 10 *ou pour* 15 *années*), pour fabriquer, vendre et débiter dans tout le royaume (*ici l'on transcrira l'énoncé de l'objet, tel qu'il a été fourni par le demandeur*), dont il a (ou ils ont) déclaré être l'inventeur (les inventeurs), le perfectionneur (les perfectionneurs), l'importateur (les importateurs), ainsi qu'il résulte du procès-verbal dressé lors du dépôt fait au secrétariat du directoire du département de . . . . . en date du . . . . . 179 . Vu la requête de N. (ou N. N.) ensemble le mémoire explicatif (ou descriptif), les plans, coupes et dessins, (s'il y en a) adressés par l'exposant (ou les exposans) au directoire des brevets d'invention, duquel mémoire (ou desquels mémoires et dessins) s'ensuivent la teneur et la copie.

Ici seront fidèlement transcrits lesdits mémoires et copies, les plans et dessins, comme cela se pratique dans les patentes anglaises.

Nous avons, conformément à la susdite loi du 7 janvier 1791, conféré, et par ces présentes signées de notre main, conférons au sieur N. (ou aux sieurs N. N.) un brevet d'invention pour fabriquer, vendre et débiter dans tout le royaume, pendant le temps et espace de 5 (10 ou 15) années entières et consécutives, à compter de la date des présentes (*ici l'on doit répéter l'énoncé de l'objet breveté*) exécuté par les moyens consignés dans la description ci-dessus, et sur lequel sera appliqué un timbre ou cartel, avec les mots *brevet d'invention*, et le nom de l'auteur (ou des auteurs), pour par lui (ou eux) et ses (ou leurs) ayant cause, jouir dudit brevet dans toute l'étendue du royaume, pour le temps porté ci-dessus, le tout en conformité des dispositions de la loi du 7 janvier 1791.

Faisons très-expresses inhibitions et défenses à toutes personnes d'imiter ou contrefaire les objets dont il s'agit, sous quelque prétexte que ce puisse être. Voulons, pour assurer à N. (ou N. N.) la jouissance de son (ou de leur) brevet, qu'il soit fait sur icelui une proclamation en notre nom, à ce que nul n'en ignore.

Mandons et ordonnons à tous les tribunaux, corps administratifs et municipalités, de faire jouir et user pleinement et paisiblement des droits conférés par ces présentes, le sieur N. (ou les sieurs N. N.) et ses (ou et leurs) ayant cause, cessant et faisant cesser tous troubles et empêchemens contraires: leur mandons aussi qu'à la première réquisition du breveté (ou des brevetés) les présentes ils fassent transcrire sur leurs registres, lire, publier et afficher dans leurs ressorts et départemens respectifs, et exécuter pendant leur durée comme loi du royaume. En foi de quoi nous avons signé et fait contresigner cesdites présentes, auxquelles nous avons fait apposer le sceau de l'Etat. A ...., le ..... jour du mois de ....., l'an de grâce mil sept cent quatre vingt .... et de notre règne le .....

Signé LOUIS, *et plus bas* DE LESSART.

No. III.

Modèle d'enregistrement d'un transport de Brevet d'invention.

No. . . . . département de . . . .

Aujourd'hui . . . . jour du mois de . . . . . 179 , le sieur N. (ou les sieurs N. N.) s'est présenté (ou se sont présentés) en notre secrétariat, pour requérir l'enregistrement de la cession qu'ils ont (ou qui leur a été) faite au sieur N. (ou sieurs N. N.) par le sieur N. (ou les sieurs N. N.) par acte du . . . . . devant Me. N. notaire à . . . . . de la totalité (ou partie) du brevet d'invention accordé le . . . . . pour l'espace de 5 (10 ou 15) années, à raison (*énoncer ici l'objet du brevet*); lequel enregistrement nous lui (ou leur) avons accordé, et il nous a été payé la somme de . . . . . pour les droits fixés dans le tarif annexé au réglement du . . . . . sur la loi du 7 janvier 1791, et a ledit sieur (ou ont lesdits sieurs) signé avec nous.

Fait à . . . . . le . . . . 179 . . . . .

Signé N. N. N.

N°. I V.

Tarif des droits à payer au Directoire d'invention.

Taxe d'un brevet pour cinq ans..	300 liv.
Taxe d'un brevet ponr dix ans...	800
Taxe d'un brevet pour quinze ans.	1,500
Droit d'expéditions des brevets...	50
Certificat de perfectionnement, changement et addition...........	24
Droit de prolongation d'un brevet.	600
Enregistrement du brevet de prolongation.........................	12
Enregistrement d'une cession de brevet en totalité ou en partie......	18
Pour la recherche et la communication d'une description...........	12

Tarif des droits à payer au secrétariat du Département.

Pour le procès-verbal de remise d'une description ou de quelque perfectionnement, changement et addition, et des pièces relatives, tous frais compris......................	12

Pour l'enregistrement d'une cession de brevet en totalité ou en partie, tous frais compris .... 12 liv.

Pour la communication du catalogue des inventions et droits de recherches 3

L'Assemblée nationale décrète les changemens qui suivent au texte de la loi du 7 janvier 1791.

A l'article X a été substitué cette nouvelle rédaction :

« L'inventeur sera tenu, pour obtenir lesdites patentes, de s'adresser au directoire » de son département, qui en requerra l'expédition. La patente envoyée à ce directoire » y sera enregistrée, et il en sera en même » temps donné avis par le ministre de l'Intérieur aux directoires des autres départemens. »

L'Assemblée a décrété la suppression des mots suivans :

Article XII, *en donnant bonne et suffi-*

sante caution..... Requérir la saisie des objets contrefaits.

Article XIII, *d'après laquelle saisie aura eu lieu.*

Mandons et ordonnons à tous les tribunaux, corps administratifs et municipalités, que ces présentes ils fassent transcrire sur leurs registres, lire, publier et afficher dans leurs ressorts et départemens respectifs, et exécuter comme loi du royaume. En foi de quoi nous avons signé et fait contresigner cesdites présentes, auxquelles nous avons fait apposer le sceau de l'Etat. A Paris, le vingt-cinquième jour du mois de mai, l'an de grâce mil sept cent quatre-vingt onze, et de notre règne le dix-huitième. *Signé* LOUIS, *et plus bas*, M. L. F. DU PORT, et scellées du sceau de l'Etat.

DÉCRET *de la Convention Nàtionale*,

Du 19 juillet 1795, l'an second de la République Française,

Relatif aux droits de propriété des Auteurs d'Écrits en tout genre, des Compositeurs de Musique, des Peintres et des Dessinateurs.

LA Convention nationale, après avoir entendu son comité d'instruction publique, décrète ce qui suit :

ARTICLE PREMIER.

Les auteurs d'écrits en tout genre, les compositeurs de musique, les peintres et dessinateurs qui feront graver des tableaux ou dessins, jouiront durant leur vie entière du droit exclusif de vendre, faire vendre, distribuer leurs ouvrages dans le territoire de la république, et d'en céder la propriété en tout ou en partie.

II.

Leurs héritiers ou cessionnaires jouiront du même droit durant l'espace de dix ans après la mort des auteurs.

III.

Les officiers de paix seront tenus de faire confisquer à la réquisition et au profit des auteurs, compositeurs, peintres ou dessinateurs et autres, leurs héritiers ou cessionnaires, tous les exemplaires des éditions imprimées ou gravées sans la permission formelle et par écrit des auteurs.

IV.

Tout contrefacteur sera tenu de payer au véritable propriétaire une somme équivalente au prix de trois mille exemplaires de l'édition originale.

V.

Tout débitant d'édition contrefaite, s'il n'est pas reconnu contrefacteur, sera tenu de payer au véritable propriétaire une somme équivalente au prix de cinq cents exemplaires de l'édition originale.

V I.

Tout citoyen qui mettra au jour un ouvrage, soit de littérature ou de gravure, dans quelque genre que ce soit, sera obligé d'en déposer deux exemplaires à la bibliothèque nationale ou au cabinet des estampes de la république, dont il recevra un reçu signé par le bibliothécaire, faute de quoi il ne pourra être admis en justice pour la poursuite des contrefacteurs.

V I I.

Les héritiers de l'auteur d'un ouvrage de littérature ou de gravure, ou de toute autre production de l'esprit, ou de génie qui appartienne aux beaux-arts, en auront la propriété exclusive pendant dix années.

Visé par l'inspecteur, Signé S. E. Monnel.

Collationné à l'original, par nous président et secrétaires de la Convention nationale. A

Paris, le 24 juillet 1793, l'an second de la République, *Signé*, JEAN-BON SAINT-ANDRÉ, *président ;* BILLAUT-VARENNE et R. T. LINDET, *secrétaires.*

Au nom de la république, le conseil exécutif provisoire mande et ordonne à tous les corps administratifs et tribunaux, que la présente loi ils fassent consigner dans leurs registres, lire, publier, afficher et exécuter dans leurs départemens et ressorts respectifs; en foi de quoi nous y avons apposé notre signature et le sceau de la république. A Paris, le vingt-quatrième jour du mois de juillet mil sept cent quatre-vingt-treize, l'an second de la République française. *Signé* GARAT. *Contresigné* GOHIER. Et scellée du sceau de la République.

ARRÊTÉ

ARRÊTÉ *relatif au mode de délivrance des Brevets d'invention.*

Du 5 vendémiaire an 9.

Les Consuls de la République, le conseil d'état entendu, arrêtent :

ART. 1er.

A compter de ce jour, le certificat de demande d'un brevet d'invention sera délivré par le Ministre de l'Intérieur ; et les brevets seront ensuite délivrés, tous les trois mois, par le premier Consul, et promulgués dans le Bulletin des lois.

I I.

Pour prévenir l'abus que les brevetés peuvent faire de leurs titres, il sera inséré, par annotation, au bas de chaque expédition, la déclaration suivante :

« Le Gouvernement, en accordant un bre-
» vet d'invention sans examen préalable,

» n'entend garantir en aucune manière, ni la » priorité, ni le mérite, ni le succès d'une » invention. »

III.

Le Ministre de l'Intérieur est chargé de l'exécution du présent arrêté, qui sera inséré au Bulletin des lois.

Le premier Consul, signé BONAPARTE. Par le premier Consul : *le secrétaire d'état*, signé HUGUES B. MARET. *Le ministre de la justice*, signé ABRIAL.

DÉCRET *Impérial qui institue des prix décennaux pour les Ouvrages de Sciences, de Littérature, d'Arts, etc.*

Au palais d'Aix-la-Chapelle, le 24 fructidor an 12.

NAPOLÉON, EMPEREUR DES FRANÇAIS, à tous ceux qui les présentes verront, SALUT.

Etant dans l'intention d'encourager les sciences, les lettres et les arts, qui contribuent éminemment à l'illustration et à la gloire des nations;

Desirant non-seulement que la France conserve la supériorité qu'elle a acquise dans les sciences et dans les arts, mais encore que le siècle qui commence l'emporte sur ceux qui l'ont précédé;

Voulant aussi connoître les hommes qui auront le plus participé à l'éclat des sciences, des lettres et des arts,

Nous avons DÉCRÉTÉ et DÉCRÉTONS ce qui suit:

ART. Ier.

Il y aura, de dix ans en dix ans, le jour anniversaire du 18 brumaire, une distribution de grands prix donnés de notre propre main dans le lieu et avec la solennité qui seront ultérieurement réglés.

II.

Tous les ouvrages de sciences, de littérature et d'arts, toutes les inventions utiles, tous les établissemens consacrés aux progrès de l'agriculture ou de l'industrie nationale, publiés, connus ou formés dans un intervalle de dix années, dont le terme précédera d'un an l'époque de la distribution, concourront pour les grands prix.

III.

La première distribution des grands prix se fera le 18 brumaire an XVIII; et conformément aux dispositions de l'article précédent, le concours comprendra tous les ouvrages, inventions ou établissemens publiés ou connus depuis l'intervalle du 18 brumaire de l'an VII au 18 brumaire de l'an XVII.

I V.

Ces grands prix seront, les uns de la valeur de dix mille francs, les autres de la valeur de cinq mille francs.

V.

Les grands prix de la valeur de dix mille francs seront au nombre de neuf, et décernés,

1°. Aux auteurs des deux meilleurs ouvrages de sciences; l'un pour les sciences physiques, l'autre pour les sciences mathématiques;

2°. A l'auteur de la meilleure histoire ou du meilleur morceau d'histoire, soit ancienne, soit moderne;

3°. A l'inventeur de la machine la plus utile aux arts et aux manufactures;

4°. Au fondateur de l'établissement le plus avantageux à l'agriculture ou à l'industrie nationale;

5°. A l'auteur du meilleur ouvrage dramatique, soit comédie, soit tragédie, représenté sur le Théâtre français;

6°. Aux auteurs des deux meilleurs ouvrages, l'un de peinture, l'autre de sculpture, représentant des actions d'éclat ou des événemens mémorables puisés dans notre histoire;

7°. Au compositeur du meilleur opéra représenté sur le théâtre de l'Académie impériale de musique.

V I.

Les grands prix de la valeur de cinq mille francs seront au nombre de treize, et décernés,

1°. Aux traducteurs de dix manuscrits de la bibliothèque impériale, ou des autres bibliothèques publiques de Paris, écrits en langues anciennes ou en langues orientales, les plus utiles soit aux sciences, soit à l'histoire, soit aux belles-lettres, soit aux arts;

2°. Aux auteurs des trois meilleurs petits poëmes ayant pour sujet des événemens mémorables de notre histoire, ou des actions honorables pour le caractère français.

VII.

Ces prix seront décernés sur le rapport et la proposition d'un jury composé des quatre secrétaires perpétuels des quatre classes de l'Institut, et des quatre présidens en fonctions dans l'année qui précédera celle de la distribution.

Signé NAPOLÉON.

Par l'Empereur :

Le Secrétaire d'état, signé HUGUES B. MARET.

Dates *des Proclamations des Brevets d'invention et objets compris dans la Notice, sous les numéros ci-dessous désignés.*

Articles numérotés de 1 à 19. Proclamation du 16 novembre 1791.

Art. numér. 20 — 44. Proclamation du 2 mai 1792.

Art. numér. 45 — 59. Proclamations des 15 mai et 4 juin 1793, et 9 pluviose an 2.

Art. numér. 60 — 79. Proclamation du 18 ventose an 5.

Art. numér. 80 — 91. Proclamations des 9 et 29 pluviose, 19 ventose, 23 germinal, 7 prairial et 17 thermidor an 6.

Art. numér. 92 — 99. Proclamations des 27 brumaire, 9 frimaire, 29 nivose, 9 et 13 pluviose, et 27 ventose an 7.

Art. numér. 100 — 113. Proclamations des 7 et 17 germinal, 7, 9 et 29 floréal, 9 prairial, 8, 14 et 24 messidor, 2 thermidor et 26 fructidor an 7.

Art. numér. 114 — 118. Proclamations des 6 et 18 vendémiaire, 1er et 11 brumaire an 8.

Art. numér. 119 — 124. Proclamations des 14 et 28 germinal, 8 et 11 floréal, et 23 prairial an 8.

Art. numér. 125 — 130. Proclamations des 8, 11, 21 et 27 messidor, 4 et 29 thermidor an 8.

Art. numér. 131 — 137. Proclamations des 3 et 9 pluviose an 9.

Art. numér. 138 — 151. Proclamations des 23 prairial et 13 messidor an 9.

Art. numér. 152 — 171. Proclamations des 9 brumaire et 17 pluviose an 10.

Art. numér. 172 — 187. Proclamations des 3 floréal et 27 messidor an 10.

Art. numér. 188 — 202. Proclamations des 30 vendémiaire et 24 nivose an 11.

Art. numér. 203 — 222. Proclamations des 11 germinal et 19 thermidor an 11.

Art. numér. 223 — 239. Proclamations des 21 vendémiaire et 7 pluviose an 12.

Art. numér. 240 — 282. Proclamations des

23 vendémiaire, 10 pluviose et 3 ventose an 13.

Art. numér. 283 — 293. Proclamation du 7 floréal an 13.

Art. numér. 294 — 336. Proclamations des 10 brumaire et 24 frimaire an 14.

Art. numér. 337 — 353. Proclamation du 31 janvier 1806.

Art. numér. 354 — 372. Proclamation du 1er mai 1806.

Art. numér. 373 — 388. Proclamation du 21 août 1806.

Art. numér. 389. Proclamation du 4 juin 1806.

Art. numér. 390 — 404. Proclamation du 21 août 1806.

NOTICE

DES BREVETS D'INVENTION,

Par ordre de date de la délivrance des Brevets, contenant le nom des Inventeurs et l'objet de leur Invention, tel qu'il se trouve énoncé dans l'acte de Promulgation.

Date des Brevets.

I.

1791.

27 Juillet. OLIVIER, de Paris.

Brevet de 15 années,

Pour la fabrication et la vente,

1°. De la terre noire à l'imitation de celle des Anglais;

2°. De la terre bambou, *idem*;

3°. De camées en porcelaine, pour boutons, médaillons, etc.

1791.

4°. De poëles imitant la porcelaine;

5°. De la terre blanche à l'instar de celle d'Angleterre;

6°. D'une découverte qui imite parfaitement le bronze antique;

7°. De carreaux propres à servir de lambris, à l'imitation des Hollandais, et de rosaces pour plafonds.

8°. De terre imitant le marbre.

2.

28 Juillet. Jolivet et Cochet, de Lyon.

Brevet de 15 années,

Pour la fabrication de bas ondés, brillans comme le satin, et de tricot-dentelle que l'on peut couper sans qu'il s'effile.

3.

29 Juillet. Vachette jeune, de Paris.

Brevet de 10 années,

Pour la fabrication de robinets propres

1791.

aux conduites d'eaux, depuis deux pouces de diamètre jusqu'à deux pieds et au-delà.

4.

30 Juillet. CHAILLOT DE PRUSSE, de Paris.

Brevet de 10 années.

Pour fabrication de blanc de céruse.

5.

31 Juillet. AKERMAN et MARTIN, négocians anglais établis à Rouen.

Brevet de 10 années,

Pour fabrication de plomb à giboyer par les procédés qu'ils ont importés d'Angleterre.

6.

15 Août. BORGNIS (ou BORGUIS) DESBORDES et COTTE (ou COTTO), de Paris.

Brevet de 5 années.

Pour fabrication de cheminées économiques en terre cuite ou biscuit.

1791.

7.

16 Août. THILLAYE, de Paris.

Brevet de 15 années.

Pour fabrication et usage de deux machines propres à la vidange des fosses d'aisance, puits et puisards.

8.

17 Août. VALKER fils.

Brevet de 10 années,

Pour fabrication de bretelles et ceintures élastiques qu'il a importées d'Angleterre, où elles forment un objet de patente.

9.

19 Août. LEBAS, de Paris.

Brevet de 10 années,

Pour la conservation et le transport du poisson de mer et de rivière, et la conservation jusqu'en hiver de la crême d'été.

10.

26 Août. DAGUIN, département de Maine et Loire.

Brevet de 10 années,

Pour les découverte, fabrication et vente de sulfate ou vitriol de soude, vulgairement appelé *sel de glauber*, et improprement *sel d'epsom.*

11.

4 Septembre. JAMAIN et PONCELET, département des Ardennes.

Brevet de 5 années,

Pour fabrication des aciers et fers en tôles cylindrés au laminoir.

12.

6 Septembre. DUBOIS DE CHÊMANT, de Paris.

1791.

Brevet de 15 années,

Pour fabrication de dents et râteliers de pâte minérale incorruptible et sans odeur.

13.

25 Septembre. LEBLANC, de Paris.

Brevet de 15 années,

Pour fabrication de soude extraite en grand du sel marin.

14.

26 Septembre. De. LEROI DE JAUCOURT, de Paris.

Brevet de 15 années,

Pour deux procédés d'un vernis métallique qui préserve de la rouille le cuivre, le fer, les fusils et autres armes.

15.

27 septembre. DECROIX, de Paris.

Brevet de 5 années,

Pour fabrication de tricots or et argent et autres, tramés sans envers.

16.

30 Septembre. De Mandres, de Paris.

Brevet de 15 années,

Pour la construction et l'usage de trois jeux ou mécanismes d'un levier moteur à pédales.

17.

30 Octobre. Boucherie, frères, de Paris.

Brevet jusqu'au 7 mai, 1795, par continuation,

Pour l'invention de leur nouvelle méthode de raffiner les sucres.

18.

30 Octobre. Gairal, de Paris.

1791.

Brevet de 15 années,

Pour un nouveau semoir qui peut s'adapter à toute espèce de charrue.

19.

31 Octobre. MAUGARD, de Paris.

Brevet de 15 années,

Pour la fabrication d'un papier de sûreté propre à l'expédition de divers actes dont il importe d'empêcher l'altération ou la falsification.

20.

17 Novembre. Les frères GRANGIER, d'Annonay, département de l'Ardèche.

Brevet de 15 années,

Pour une machine à carder et à filer la laine, le coton et autres matières, qui fait des bobines et des écheveaux à mesure qu'elle carde et file.

1791.

21.

18 Novembre. Lesdits frères GRANGIER.

Brevet de 15 années,

Pour une machine à tirer le poil graduellement au point desiré, ou à garnir toute sorte d'étoffes de laine.

22.

19 Novembre. LEROHBERGHERR DE VAUSENVILLE, de Paris.

Brevet de 10 années,

Pour l'exercice de l'art gammo-graphique, c'est-à-dire, de rayer ou ligner toute sorte de papiers.

23.

28 Novembre. LEVACHER DU SOUSEL, de Breteuil, département de l'Eure.

Brevet de 15 années,

Pour des moulins à blé, mis en mouve-

1791.

ment par la seule action de poids régulateurs.

24.

29 Novembre. JEAN FITCH, de Philadelphie en Amérique.

Brevet de 15 années,

Pour un mécanisme à faire mouvoir bateaux et autres bâtimens, par le moyen de la machine à feu.

25.

12 Décembre. BANDIRY DE LAVAL, de Paris.

Brevet de 10 années, par continuation,

Pour de nouvelles grues propres aux chargemens et déchargemens, et à la mâture des vaisseaux.

26.

18 Décembre. SARRAZIN, de Lyon.

1791.

Brevet de 5 années,

Pour un mécanisme propre au cardage et au mélange des matières ou laines servant à la fabrication des chapeaux.

27.

20 Décembre. SABATIER, de Paris.

Brevet de 10 années, par continuation,

Pour une serrure de sûreté de son invention.

1792.

28.

18 Janvier. DEVISME et PERRIER, de Paris.

Brevet jusqu'au 18 avril 1804, par continuation,

Pour l'établissement de moulins à blé mus par l'action de la machine à feu.

29.

19 Janvier. CASAURANS (ou CAZAURANE) DE SAINT-PAUL, de Lagny.

1792.

Brevet de 5 années,

Pour fabrication de blanc de céruse, façon de Hollande.

30.

3 Février. POULLAIN SAINT-FOIX, MASSART et VIBERT, de Paris.

Brevet de 15 années.

Pour la construction de fourneaux propres à convertir la tourbe en charbon.

31.

12 Février. GARNY, de Paris.

Brevet de 15 années,

Pour l'extraction en grand de la soude et du sulfate de soude, du sel marin.

32.

13 Février. JAVELLE, de Saint-Etienne, département de Rhône et Loire.

Brevet de 15 années,

Pour des machines propres à polir et

1792.

achever extérieurement les canons sans le secours des meules.

33.

16 Février. HOFFMANN, de Schelestat, département du Bas-Rhin.

Brevet de 15 années,

Pour l'exercice de l'art polytype et logotype, c'est-à-dire, l'art d'imprimer en planches solides.

34.

25 Février. ROGNIAT, de Chanas, département de l'Isère.

Brevet de 15 années à compter du 1er. mai 1793,

Pour trois nouvelles espèces d'aîles de moulins à vent. *Voyez* n°. 66.

35.

26 Février. BRUN, de Paris.

1792.

Brevet de 5 années,

Pour un alliage métallique propre à faire des jetons, des médailles et plusieurs autres ouvrages du même genre, même des pièces monétaires.

36.

28 Février. BONNOT, de Paris.

Brevet de 5 années,

Pour une manière de couvrir les édifices et bâtimens en cuivre laminé et étamé.

37.

4 Mars. BILLIAUX, de Paris.

Brevet de 5 années,

Pour un *garde-montre* ou mécanisme propre à empêcher le vol et la perte des montres.

38.

7 Mars. D'ARNAT (ou DARNAL), de Nîmes, département du Gard.

Brevet

1792.

Brevet jusqu'au 25 juillet 1795, par continuation,

Pour l'établissement de moulins à feu propres à moudre le blé.

39.

16 Mars. DUMON, de Lyon.

Brevet de 5 années.

Pour la fabrication de boutons de tombac, à l'instar des boutons anglais.

40.

30 Mars. HENRI MATER (ou MATHER), de Dunkerque, département du Nord.

Brevet de 5 années,

Pour la fabrication d'un nouveau genre de velours de coton rayé ou façonné.

41.

9 Avril. HANIN père et fils, de Paris.

1792.

Brevet de 10 années,

Pour fabrication et vente d'un peson ou romaine à ressort et à cadran.

42.

10 Avril. TRANCHE LA HAUSSE, de Paris.

Brevet de 15 années,

Pour la composition du *Régénérateur universel*, qui conserve l'eau douce à bord, guérit et préserve de maladies, etc.

43.

24 Avril. Les frères PERIER, de Paris.

Brevet de 15 années,

Pour la construction de machines à feu de rotation à double effet.

44.

27 Avril. DUBROCA, de Tartas, département des Landes,

1792.

Brevet de 15 années,

Pour une machine économique à raper le tabac.

45.

28 Mai. Debezis, de Paris.

Brevet de 10 années,

Pour une mécanique propre à préserver d'infection les hôpitaux, les prisons, etc.

46.

29 Mai. Potter, de Paris.

Brevet de 15 années,

Pour le blanchîment des chiffons et pâtes propres à faire du papier.

47.

3 Juillet. John Browne, Pickford et compagnie, du département de Seine-et-Oise.

1792.

Brevet de 15 années,

Pour l'établissement de filatures de coton.

48.

11 Juillet. HELLOT l'aîné, de Rouen, département de la Seine inférieure.

Brevet de 10 années,

Pour l'application de la machine à feu, à divers usages, dans les fabriques et manufactures.

49.

30 Juillet. IMER GAWEY, KESSEL l'aîné, et CONRAD FLORER, de Riquewir, département du Haut-Rhin.

Brevet de 10 années,

Pour la préparation du goudron.

50.

23 Septembre. DESMAREST, de Paris.

1792.

Brevet de 10 années,

Pour la construction d'une machine hydraulique, propre pour les incendies et pour les desséchemens des marais.

1793.

51.

17 Février. Jaume et Dugoure, de Paris.

Brevet de 5 années,

Pour de nouvelles cartes à jouer.

52.

10 Avril. Michel (ou Michal), de Paris.

Brevet de 5 années,

Pour fabrication de filigrane.

53.

25 Mai. Durand, père et fils.

Encouragement pour leur invention de moulins à bras et à manége, et de moulins sur chariot.

1793.

54.

Décret de la Convention nationale, du 4 juin 1793 (an 2 de la République).

4 Juin. GROBERT.

Erection d'atelier pour la construction des affûts-fardiers de son invention, destinés au transport et maniement des pièces de seize, ainsi que des caissons et forges transportables par sa méthode.

55.

13 Juillet. TORCHON, de Paris.

Brevet de 5 années.

Pour fabrication de baignoires à l'usage des chevaux.

56.

24 Août. BARLOW, des Etats-Unis de l'Amérique, et logé à Paris.

1793.

Brevet de 15 années,

Pour la construction de fourneaux à chaudières, propres aux machines à vapeurs chaudes.

An 2.

57.

5 Brumaire. Roby, domicilié à Paris.

Brevet de 15 années,

Pour la fabrication de la colle-forte.

58.

1 Nivose. John Fich, domicilié à Lorient, département du Morbihan.

Brevet de 15 années.

Pour la construction d'une machine, sous le nom de *Prompt Calculateur marin.*

59.

14 Nivose. Armand Séguin.

Loi relative à la découverte de nou-

An 2.

veaux procédés pour le tannage des cuirs.

Etablissement de tannerie à lui accordé à Sèvres, près Paris, et à Ravannes, district de Nemours.

60.

30 Pluviose. FURET LABOULAYS, du département de l'Eure.

Brevet de 5 années,

Pour l'établissement d'une machine à adapter à toutes sortes de métiers à toile, rubans, mousseline, gaze, etc.

61.

30 Germinal. BRUN, de Paris.

Brevet de 5 années,

Pour un battoir à grains.

An 3.

62.

6 Brumaire. LÉGER et PETEY, de Paris.

Brevet

Date des Brevets.

An 3.

Brevet de 10 années,

Pour l'établissement d'un moulin à manége, composé de deux moulages.

63.

17 Nivosé. JAMES WITHE, de Paris.

Brevet de 15 années,

Pour des limes perpétuelles.

64.

11 Pluviose. CONTÉ, de Paris.

Brevet de 10 années,

Pour des crayons artificiels.

65.

17 Ventose. LAMAISONNETTE-LAMARQUE, de Paris.

Brevet de 10 années,

Pour un instrument nommé *Parturateur*.

An 5.

66.

15 Floréal. ROGNIAT, de Paris.

Certificat d'addition à un brevet de 15 années,

Pour trois nouvelles espèces d'ailes de moulins à vent. *Voyez* n°. 34.

An 4.

67.

8 Vendémiaire. THORIN, de Paris.

Brevet de 15 années,

Conversion de la tourbe en charbons.

68.

15 Nivose. WITHE, de Paris.

Brevet de 10 années,

Navire brisé, nommé *Anguille*.

69.

15 Nivose. DÉCŒUR, de Paris.

An 4.

Brevet de 10 années,

Machine à l'instar des lieux à l'anglaise.

70.

25 Pluviôse. THILORIER, de Paris.

Brevet de 15 années,

Perfectionnement de l'art de profiter du vent et du courant pour vaincre leur résistance ou celle des autres corps.

71.

5 Ventose. DECROIX, de Paris.

Brevet de 5 années,

Machine de nouvelle invention à fabriquer les bas.

72.

12 Messidor. PORTAL, médecin à Paris.

Arrêté pour la publication de son instruction sur le traitement des asphixiés.

An 4.

73.

1 Messidor. FORD (ou FORT) et REYNAUD, de Paris.

Brevet de 10 années (prorogé d'un an),

Fabrication de toutes sortes d'étoffes par des procédés inconnus en France. *Voyez* n°. 91.

74.

17 Fructidor. TABARIN, de Paris.

Brevet de 15 années,

Tour propre au tirage de la soie.

75.

25 Fructidor. LEBON, de Paris.

Brevet de 15 années,

Nouvelle manière de distiller.

An 5.

76.

3 Brumaire. BRIDET, de Paris.

An 5.

Brevet de 15 années,

Elaboration des matières fécales et leur conversion en une poudre végétative, inodore, propre à servir d'engrais.

Révoqué par un arrêté du 15 messidor an 5, et remis en exécution par un arrêté du 19 vendémiaire an 7.

77.

6 Frimaire. ARNAUD, de Grenoble.

Brevet de 15 années,

Siphon ou machine propre à élever l'eau à quelque hauteur que ce soit.

78.

15 Nivose. PATOULET, LEBEAU, HUILIER, BICOUT et ANDRY, de Paris.

Brevet de 10 années,

Placage en argent sur le fer et l'acier.

An 5.

79.

3 Pluviose. Perier et Bettancourt, de Paris.

Brevet pour le temps que durera la patente prise pour le même objet en Angleterre.

Construction d'une presse hydraulique.

An 6.

80.

9 Vendémiaire. Bardel, manufacturier à Paris.

Brevet de 15 années,

Fabrication des étoffes en crin, mêlées de fil, coton, soie, et filées d'or et d'argent, et autres étoffes en bois blanc et de couleur, divisé par filets.

81.

9 Vendémiaire. Chenavard, manufacturier aux Broteaux, département du Rhône.

An 6.

Brevet de 5 années,

Fabrication de papiers peints imitant le fil de la chaîne et le tissu de la trame qui forme l'étoffe appelée *mousseline.*

82.

13 Brumaire. MONTGOLFIER et ARGAND.

Brevet de 15 années,

Construction d'une machine nommée *bélier hydraulique,* dont l'effet est d'élever les eaux des rivières, au moyen de leur pente naturelle, sans roues ni pompes, etc. *Voyez* n°. 90.

83.

3 Nivose. HERHAN, artiste à Paris.

Brevet de 15 années,

Composition de formats solides, propres à imprimer d'après de nouveaux procédés chimiques et mécaniques. *Voyez* n° 133.

An 6.

84.

6 Nivose. FIRMIN DIDOT, graveur à Paris.

Brevet de 15 années,

Composition de formats stéréotypes, et éditions en résultant.

85.

29 Pluviose. ROBERT FULTON, ingénieur, demeurant à Paris, rue du Bacq, n°. 556.

Brevet de 15 années,

Nouveau système de canaux navigables sans écluses, au moyen de plans inclinés et de petits bateaux de forme nouvelle.

86.

29 Pluviose. NICOLAS-MARIE GATTEAUX, graveur à Paris, rue Saint-Dominique, n°. 947.

Brevet de 5 années,

Procédé pour multiplier les planches

An 6.

de caractères mobiles en planches solides, sous le nom de *monotypage* ou de *caractères frappés*.

87.

19 Ventose. Abraham-Louis Breguet, artiste-horloger, à Paris, quai de l'Horloge, n°. 51.

Brevet de 10 *années*,

Pour fabrication et vente d'une machine de son invention, nommée *échappement*, propre à dispenser une force quelconque, d'une manière égale et toujours constante, dans les machines servant à mesurer le temps.

88.

23 Germinal. William Robinson, manufacturier à Paris, rue des Victoires nationales, n°. 60.

Brevet d'importation pour 12 *années*,

Construction et vente d'une nouvelle

An 6.

mécanique, propre à la filature du lin et du chanvre.

89.

7 Prairial. ERARD, frères, fabricans d'instrumens de musique, à Paris, rue du Mail, nos. 37 et 372.

Brevet de 15 années,

Construction et vente de harpe d'une nouvelle forme. *Voyez* n°. 181.

90.

7 Prairial. AMI-ARGAND et MONTGOLFIER frères, à Paris, rue Montmartre, vis-à-vis Saint-Joseph.

Addition au brevet d'invention du 6 brumaire an 6.

Pour la machine nommée *bélier hydraulique*. *Voyez* n°. 82.

91.

17 Thermidor. JOHN FORT (ou FORD).

An 6.

Prorogation d'un an au délai de 2 années fixé par la loi du 7 janvier 1791.

Pour l'exécution de ses procédés relatifs à une fabrication de draps, pour laquelle il a obtenu un brevet d'invention le 19 messidor an 4. *Voyez* n°. 73.

An 7.

92.

27 Brumaire. PIERRE DOLFFUS, demeurant à Bonnelles, canton de Rochefort, département de Seine-et-Oise.

Brevet de 10 *années*,

Vente de maroquins et peaux chamois de toutes couleurs, imprimés en différens dessins et nuances, imitant les étoffes de soie et velours.

93.

9 Frimaire. JEAN GERHARD BONNINGER, négociant à Paris, rue du Bacq, près la rue de l'Université.

An 7.

Brevet de 15 années,

Vente de tableaux à l'huile, exécutés par un procédé mécanique de son invention.

94.

29 Nivose. LOUIS ROBERT, mécanicien à Essones, département de Seine-et-Oise.

Brevet de 15 années,

Fabrication et vente d'une machine propre à faire, sans ouvriers, du papier d'une grandeur indéfinie. *Voyez* n°. 125.

95.

9 Pluviose. TOBIAS SCHMIDT, mécanicien à Paris, rue de Thionville.

Brevet de 5 années,

Fabrication et vente d'une nouvelle machine qu'il désigne sous le nom de *gril aérien.*

An 7.

96.

13 Pluviose. JEAN-HENRI KOCH, serrurier à Paris, maison ci-devant Montbarrey, à l'Arsenal.

Brevet de 10 années,

Fabrication et vente de nouvelles sersures de sûreté.

97.

27 Ventose. MICHEL-JOSEPH RUELLE, négociant à Tournay, département de Jemmapes ; GEORGES COUSINEAU père, et JACQUES COUSINEAU fils, luthiers à Paris, rue de Thionville, n°. 1840.

Brevet de 5 années.

Construction et vente d'une mécanique de harpe dont ils déclarent être les inventeurs et perfectionneurs. *Voyez* n°s 108 et 134.

An 7.

98.

27 Ventose. Frédéric Japy, horloger à Beaumont, canton de Delle, département du Haut-Rhin.

Brevet de 5 années.

Fabrication et vente de machines propres à simplifier et diminuer la main-d'œuvre de l'horlogerie.

99.

27 Ventose. Etienne-Gaspard Robert, professeur de physique à Paris, rue de Provence, n°. 24.

Brevet de 5 années.

Construction et vente d'un appareil qu'il nomme *fantascope*, et qu'il annonce être le perfectionnement de la *lanterne de Kircher*, vulgairement appelée *lanterne magique*.

100.

7 Germinal. Jean Amayet père, et Auguste-

An 7.

Alexandre Amavet fils, demeurant à Paris, palais Egalité, n°. 6, escalier dit de la Bouche.

Brevet de 15 années.

Construction de machines et d'un appareil pour franchir avec les plus lourds fardeaux les terrains impraticables, tels que montagnes, marais, sables, etc. *Voyez* n° 107.

101.

17 Germinal. Jean-Marie Pochon, artiste, demeurant à Paris, rue Croix-des-Petits-Champs, maison de l'Univers, n°. 121.

Brevet de 5 années.

Etablissement de buanderies communes pour mettre à exécution des moyens mécaniques propres à laver et à sécher le linge. *Voyez* n°. 127.

An 7.

102.

7 Floréal. ROBERT FULTON, ingénieur à Paris, rue de Vaugirard, n°. 970.

Brevet de 10 années pour importation,

A l'effet de peindre, établir et exposer des tableaux circulaires qu'il nomme *Panorama. Voyez* n°. 144.

Transport dudit brevet au cit. JAMES THAYER et HENRIETTE BECK, son épouse (*Arrêté du* 14 *germinal an* 8).

103.

9 Floréal. JOLIVET et COCHET, manufacturiers à Lyon, rue du Bourg-Chanin.

Brevet de 15 *années*,

Pour exécution de nouveaux procédés relatifs à la fabrication d'une étoffe-tricot à double maille fixe. *V.* n°. 150.

104.

29 Floréal. BAUMANN, HULLOT et compagnie, manufacturiers

An 7.

manufacturiers à Paris, rue des Brodeurs, faubourg S.-Germain, n° 842.

Brevet de 5 années.

Procédé relatif à la préparation des cuirs employés soit à la fabrication des chapeaux, soit à la garniture des meubles, et au moyen duquel ils font ressortir des dessins jaune-étrusques sur un fond noir, sans le secours des couleurs.

105.

29 Floréal. ROBERT FULTON et NATHANIEL CUTLING, Américains, demeurant à Paris, rue de Vaugirard, n°. 970.

Brevet de 15 années.

Fabrication de cordes et cordages de toute espèce, à l'aide de machines et de procédés dont ils déclarent être les auteurs.

106.

9 Prairial. MARIE-JOSEPH-GASTON ROSNAY,

An 7.

ingénieur militaire à Paris, rue Montagne-Ste. Geneviève.

Brevet de 5 années.

Construction de ponts en fer par assemblages, d'après le système des parallèles et des cintres fixes et amovibles.

107.

8 Messidor. AMAVET père et fils.

Certificat d'addition et de perfectionnement faits à leurs procédés. *V.* n°. 100.

108.

14 Messidor. COUSINEAU père et fils.

Certificat d'addition et de perfectionnement faits à leurs procédés. *Voyez* nos. 97 et 134.

109.

14 Messidor. JEAN-BAPTISTE BRUN, ex-professeur de l'Oratoire, demeurant à

An 7. Paris, rue du Faubourg S.-Honoré, nos. 15 et 16.

Brevet de 5 années.

Nouvelle manière d'apprendre à écrire à l'aide de tablettes.

110.

24 Messidor. PIERRE-HENRI-JOSEPH GIRARD père et fils, demeurant à Paris, rue Poissonnière, no. 173.

Brevet de 15 années.

Pour mettre à exécution des moyens mécaniques de tirer parti de l'ascension et de l'abaissement des vagues de la mer, comme forces motrices.

111.

24 Messidor. ETIENNE-LAURENT DELACROIX, commandant de dépôts de prisonniers etc., à Metz.

Brevet de 5 années.

Construction de bâtimens propres à na-

An 7.

viguer sans voiles, sans chevaux et sans rouages.

112.

2 Thermidor. Louis-Jean Focard-Chateau, demeurant à Paris, rue Grenelle-S.-Honoré, n°. 24.

Brevet de 5 années.

Construction de machines qu'il nomme *Manéges de Campagne.*

113.

26 Fructidor. Lucas-Chrétien-Auguste Albert, demeurant à Paris, quai de l'Ecole, n°. 11.

Brevet de 15 années.

Construction de scies sans fin, propres à débiter des bois de toutes grosseurs, et d'une scierie destinée à l'emploi de ces scies.

An 8.

114.

6 Vendémiaire. PHILIPPE LEBON, ingénieur des ponts et chaussées, demeurant à Paris, rue et île de la Fraternité, n°. 55.

Brevet de 15 *années.*

Construction et vente d'appareils pour distiller des matières combustibles, et en retirer divers produits. *V.* n°. 162.

115.

6 Vendémiaire. THÉODORE-PIERRE BERTIN, homme de lettres, demeurant à Paris, rue de la Sonnerie, n°. 1.

Brevet de 5 *années.*

Vente d'une nouvelle construction d'éolipyle dont la vapeur anime la flamme qui sert à chauffer l'éolipyle même, et que l'auteur nomme *Lampe Docimastique.*

An 8.

116.

18 Vendémiaire. TOUSSAINT père et fils, négocians à Raucourt, canton de Chemery, département des Ardennes.

Brevet de 5 *années.*

Emploi de cylindres creux destinés à polir la bijouterie en acier par de nouveaux moyens.

117.

1er. Brumaire. ADRIEN-JACQUES-FRANÇOIS BRIFFAULT. demeurant à Paris, rue S.-Dominique, n°. 105.

Brevet de 15 *années.*

Vente de creusets de terre, dits *Argile pure*, fabriqués par de nouveaux procédés.

118.

11 Brumaire. PIERRE BILLION, propriétaire

An 8.

à Montfort-l'Amaury, département de Seine et Oise.

Brevet de 5 années.

Vente d'une nouvelle machine à mailler le chanvre par de nouveaux procédés.

119.

28 Germinal. Pierre Jacquemart et Eugène-Balthazar-Crescent Benard, associés, demeurant à Paris, rue de Montreuil, faubourg Saint-Antoine, n°. 52.

Brevet de 5 années.

Etablissement de fabrication de papiers peints imitant le linon-batiste uni et brodé, par des procédés dont ils déclarent être les auteurs.

120.

24 Germinal. Jean-Louis Rast-Maupas habitant de Lyon.

An 8.

Brevet de 15 années.

Etablissement de procédés et appareils propres à donner aux soies, quelles que soient leur nature et leur qualité, un même degré de siccité, avec les moyens de le constater.

121.

8 Floréal. JAMES WITHE, mécanicien, demeurant à Paris, rue de Lille, n°. 648.

Brevet de 10 années.

Etablissement d'appareils propres à perfectionner la fabrication des chandelles, des bougies et autres lumières composées de matières inflammables et figées.

122.

11 Floréal. FLEURY-MEUNIER, demeurant à Lyon, quai Saint-Clair, n°. 129.

Brevet de 5 années.

Fabrication, 1°. d'un peluché par la trame,

An 8.

trame, sur les deux côtés de toute sorte d'étoffes ; 2°. du même peluché par la trame sur une seule face ou sur toutes les deux, aussi sur toute sorte d'étoffes avec dessins à fleurs, liséré, broché, chiné et fabriqué sur métiers à corps et maillons tirés par mécaniques simples ou boutons.

123.

13 Prairial. FRANÇOIS-ANTOINE-MARIE MOZZANINO, poêlier-fumiste, demeurant à Paris, rue Basse-du-Rempart, n°. 363.

Brevet de 10 années.

Etablissement de cheminée mécanique et économique, par des procédés dont il déclare être l'auteur.

124.

23 Prairial. VINCENT BIDOT, mécanicien, demeurant à Paris, au ci devant couvent de l'*Ave-Maria*, rue des Barres.

Brevet de 5 années.

Fabrication et vente de pompes hydrauliques, dont il déclare être l'auteur.

125.

8 Messidor. Cession (du 7 germinal et enregistr. le 29 prairial) faite par NICOLAS-LOUIS ROBERT, au cit. LÉGER DIDOT, propriétaire de la manufacture de papiers d'Essone, département de Seine et Oise, du brevet du 29 nivose an 7, pour fabrication et vente d'une machine propre à faire, sans ouvriers, du papier d'une grandeur indéfinie. *Voyez* n°. 94.

126.

11 Messidor. JEAN-CHARLES THILORIER, demeurant à Paris, rue Saint-Martin, n°. 32, vis-à-vis celle aux Ours.

Brevet de 10 années.

Fabrication et vente de poêles et fourneaux fumivores, qu'il présente comme un perfectionnement de l'art de brûler économiquement les combustibles. *Voyez* nos. 137, 188, 253, 329.

127.

21 Messidor. Jean-Marie Pochon, artiste, demeurant à Paris, rue Croix-des-Petits-Champs, n°. 121.

Brevet de 15 années pour perfectionnement.

Etablissement de buanderies communes d'après de nouveaux moyens mécaniques. *Voyez* n°. 101.

128.

27 Messidor. Rodolphe Ebingré, fabricant de toiles peintes à Franciade (Saint-Denis).

Brevet de 5 années.

Fabrication et vente de mécanique pro-

An 8.

pre à faire des fonds sablés sur la toile.

129.

4 Thermidor. JAMES SMITH, demeurant à Paris, rue de Lille, n°. 643; GASPARD-JOSEPH CUCHET, rue de Tournon, n°. 1160, et PIERRE-DENIS MONTFORT, au collége de Navarre.

Brevet de 5 années.

Etablissement et vente de filtres inaltérables tirés des trois règnes. *Voyez* n°. 226.

130.

29 Thermidor. PIERRE FREMIN, chimiste, demeurant à Paris, rue du faubourg S.-Martin, n°. 206.

Brevet de 15 années.

Fabrication et vente de charbon de bois, tourbe corporifiée ou en charbon, et tous autres charbons résultant d'opé-

An 9.

rations faites suivant son procédé et d'après ses appareils, pour la carbonisation par distillation.

131.

2 Brumaire. Jacques-Constantin Perrier, Membre de l'institut national, demeurant à Paris, rue du Mont-Blanc, n°. 24.

Brevet de 15 années.

Machine à vapeur, propre à monter le charbon des mines.

132.

2 Brumaire. Bernard-Guillaume Carcel, horloger à Paris, rue de l'Arbre-Sec, n°. 16, et Louis Carreau, négociant, rue S.-André-des-Arcs, vis-à-vis celle de l'Eperon.

Brevet de 5 années.

Mécanisme ou jeu de pompe servant à élever l'huile d'une lampe, qu'ils nomment *Lycnomena.*

An 9.

133.

27 Brumaire. Herhan, imprimeur et fondeur à Paris, rue de Lille, n°. 703.

Certificat d'additions et perfectionnement à ses procédés pour imprimer avec des formats solides, produits de matrices mobiles fondues, pour lesquels il a obtenu, le 3 nivose an 6, un brevet d'invention de 15 années. *Voyez* n°. 83.

134.

27 Brumaire. Cousineau, père et fils, luthiers à Paris, rue de Thionville, n°. 1840.

Certificat d'additions et de perfectionnemens à leur nouvelle mécanique de harpe. *Voyez* n°s. 97 et 108.

135.

7 Frimaire. Antoine Bouvier, artiste, demeurant à Paris, enclos de la Cité, n°. 5.

An 9.

Brevet de 15 années.

Nouveaux procédés applicables à la formation des planches pour imprimer la musique, les toiles peintes, les papiers de décor et autres ouvrages d'impression en caractères mobiles et planches d'un seul type; le tout en cuivre et en bronze.

136.

9 Frimaire. JEAN-FRANÇOIS CHARPENTIER, juge de paix de la division des Invalides, demeurant rue S.-Dominique, au Gros-Caillou.

Brevet de 5 années.

Machine dont l'effet est de diminuer de moitié les efforts employés jusqu'à ce jour pour élever des fardeaux à quelque hauteur que ce soit.

137.

17 Frimaire. JEAN-CHARLES THILORIER,

demeurant à Paris, rue Saint-Martin, n°. 32.

Certificat de perfectionnemens, additions et changemens au poêle fumivore.

Voyez n°s 126, 188, 253, 329.

138.

2 Nivose. JOSEPH-CHARLES JACQUARD, habitant de Lyon.

Machine destinée à suppléer le tireur de lacs, dans la fabrication des étoffes brochées et façonnées.

139.

2 Nivose. GASPARD GRÉGOIRE, artiste fabricant, à Paris, rue de Paradis, n°. 20.

Brevet de 15 années.

Etoffes ou tissus circulaires, plans et autres formes à lisières ou à fonds inégaux, qu'il nomme *Tournoises*.

An 9.

140.

22 Ventose. DENIS-FRANÇOIS BRUNE, maître de forges à Sorel, département d'Eure et Loir.

Brevet de 10 années.

Nouveaux fourneaux propres à la carbonisation du bois.

141.

12 Germinal. JOSEPH-CHARLES GRASSOT, poêlier-fumiste, demeurant à Paris, rue de la Féronnerie, n°s. 154 et 155.

Brevet de 10 années.

Cheminée économique à l'abri de la fumée.

142.

17 Germinal. IGNACE GRIGNES, demeurant à Paris, rue de Bonne-nouvelle, n°. 125.

Brevet de 5 années.

Moulin propre à faire l'orge perlé.

An 9.

143.

27 Germinal. JOSEPH-ADRIEN VACHETTE, ingénieur à Paris, rue des Gravilliers, n°. 57.

Brevet de 5 années.

Machine destinée à accélérer la marche des bacs et bachots.

144.

6 Floréal. ROBERT FULTON, ingénieur à Paris, rue de Vaugirard, n°. 970.

Brevet de perfectionnement pour 15 années.

Nouveaux procédés relatifs au *Panorama*. *Voyez* n°. 102.

145.

17 Floréal. RENIHART et EDOUARD-BRUNO MERTIAN, demeurant à Paris, rue S.-Sauveur, n°. 35.

An 9.

Brevet de 15 années.

Procédés relatifs à l'impression de la musique d'après un nouveau système typographique.

146.

2 Prairial. Armand Seguin, membre de l'institut national.

Brevet de 15 années.

Procédés propres à faire du papier avec de la paille et des matières végétales.

147.

12 Prairial. Edouard Adam, domicilié à Nîmes, département du Gard.

Brevet de 15 années.

Nouvel appareil distillatoire. *V.* n°. 312.

148.

12 Prairial. Charles Pictet, habitant de Genève, département du Léman.

An 9.

Brevet de 5 années.

Etoffes nommées *Schalls*, tramées de laine sur soie, soit en blanc et sans ornement, soit teintes, brochées ou brodées.

149.

17 Prairial. LAURENT SOLIMANI, professeur de chimie à l'école centrale du département du Gard.

Brevet de 5 années.

Nouvel appareil propre à la distillation du vin et à la formation des esprits et eaux-de-vie. *Voyez* nos. 164, 239.

150.

22 Prairial. JOLIVET et COCHET, négocians à Lyon.

Certificat de perfectionnement et additions pour leur nouvelle manière de fabriquer une étoffe-tricot à double maille fixe. *Voyez* n°. 103.

151.

22 Prairial. LOUIS-FRANÇOIS HENRION, ferblantier à Paris, rue de la Loi, n°. 19.

Brevet de 5 années.

Lampe à Tuyaux et à courant d'air.

152.

7 Messidor. ABRAHAM-LOUIS BREGUET, horloger à Paris, quai de l'Horloge, n°. 51.

Brevet de 10 années.

Procédés applicables aux machines à mesurer le temps.

153.

17 Messidor. FRANÇOIS ROTCH, négociant à Paris, rue Vivienne, hôtel de Boston.

Brevet de 15 années.

Bateaux propres à la pêche de la baleine, et autres bâtimens de construction.

An 9.

154.

2 Thermidor. AMABLE JOUVET, artiste à Paris, rotonde du temple.

Brevet de 5 années.

Procédés relatifs à la marqueterie.

155.

7 Thermidor. NICOLAS DOLFFUS et ALEXANDRE JŒGER-SCHMID, fabricans à Mulhausen, département du Haut-Rhin.

Brevet de 10 années.

Procédés relatifs à la fabrication de l'acide muriatique oxigéné, et son emploi dans le blanchîment des toiles.

156.

7 Thermidor. EDOUARD CHAMBERLAIN, directeur de l'exploitation des mines de Honfleur, département du Calvados.

Brevet de 5 années,

Procédés relatifs à la fabrication de l'acide sulfurique.

157.

12 Thermidor. LOUIS-JEAN FOCARD-CHATEAU, demeurant à Lannoy, arrondissement de Lille, département du Nord.

Brevet de 5 années,

Appareil nommé *Retardateur des fermentations.*

158.

12 Thermidor. JEAN LEUSSEN, demeurant à Rheyd, arrondissement de Creveld, département de la Roër, et MATHIEU BRINCK, demeurant à Gladbac, même arrondissement.

Brevet de 15 années,

Fabrication d'une liqueur qui rend les étoffes impénétrables à l'eau.

159.

17 Thermidor. ARNOLD-CORNEILLE BEYER.

An 9.

MAN, négociant à Paris, rue du Mont-Blanc, n°. 42.

Brevet de 5 années pour importation.

Liquide au moyen duquel les étoffes peuvent être rendues impénétrables à l'eau.

160.

22 Thermidor. J. B. MOIRON, marchand chapelier à Paris, rue des Fossés-Montmartre, n°. 3.

Brevet de 5 années,

Procédés relatifs à la fabrication des roues et des cadres pour tableaux.

161.

26 Thermidor. CÉCILE-LOUISE-JOSEPHE CLARKE, fabricante, rue Poissonnière, n°. 161.

Brevet de 10 années,

Procédés relatifs à la fabrication et au filage du lin et du chanvre. *Voyez* nos. 189, 222.

162.

162.

7 Fructidor. Philippe Lebon, ingénieur des ponts-et-chaussées, demeurant à Paris, rue Saint-Dominique, n°. 1517.

Certificat d'additions et perfectionnement à ses procédés, au moyen desquels on emploie plus utilement et plus économiquement les combustibles à la production de la lumière et de la chaleur. *Voyez* n°. 114.

163.

22 Fructidor. Nicolas Paul, de Genève.

Brevet de 10 *années*,

Lampe économique à réverbère, particulièrement destinée à l'éclairement des rues.

164.

22 Fructidor. Laurent Solimani, professeur de chimie à l'école centrale du département du Gard.

An 10.

Certificat d'additions et perfectionnement à son appareil propre à la distillation du vin, et à la formation des esprits et aux-de-vie. *Voyez* nos. 149, 239.

165.

2 Vendémiaire. ALEXANDRE SAGUIEL et JEAN MILNE, demeurant à Marly, département de Seine-et-Oise.

Brevet de 15 années,

Machine à filer la laine; le coton, la bourre de soie et le lin.

166.

27 Vendémiaire. JEAN-CHARLES CAILLOT, menuisier à Marseille, rue du Village, île 113, n°. 4.

Brevet de 5 années,

Nouveau genre de construction de charrettes et brouettes.

167.

17 Brumaire. BENJAMIN MALHERBE, manufacturier à Cirey, arrondissement de Sarrebourg, département de la Meurthe.

Brevet de cinq années,

Construction de nouveaux fours à étendre le verre et à sécher les billettes, sans employer particulièrement aucun combustible.

168.

2 Frimaire. ANDRÉ WEYMUM, médecin de l'hôpital de Haguenau, département du Bas-Rhin.

Brevet de 5 années pour perfectionnement.

Procédés relatifs à la dessiccation des racines de la garance.

169.

7 Frimaire. Les frères SEVENNE, manufactu-

An 10.

riers à Rouen, département de la Seine-Inférieure.

Brevet de 15 années,

Fabrication de velours, basins et piqués à deux trames, par le moyen de deux navettes volantes marchant simultanément.

170.

7 Frimaire. JEAN-LOUIS DUPLAT et JEAN-LOUIS-MARIE-GEORGES, graveurs à Paris, le premier rue Serpente, n°. 16, et le second place Dauphine, n°. 2.

Brevet de 3 années.

Procédés relatifs à l'impression de la musique avec la presse typographique.

171.

27 Frimaire. CHARLES JOLI, demeurant à Paris, rue de Tournon, n° 1151.

Brevet de 5 années pour perfectionnement.

Lampes à double courant d'air. *Voyez* nos. 192, 262.

172.

22 Nivose. LOUIS-FRANÇOIS OLLIVIER, manufacturier de faïence à Paris, rue de la Roquette, no. 73.

Brevet de 3 années,

Procédés relatifs à la fabrication de tableaux en faïence et terre vernissée, propres aux inscriptions des rues et au numérotage des maisons par le moyen de la contre-estampille.

173.

25 Nivose. FIRMIN BARNE, neveu, artiste à Nîmes, département du Gard.

Brevet de 5 années,

Nouvel appareil de distillation des esprits-de-vin et eaux-de-vie. *Voyez* n°. 278.

174.

22 Pluviose. Frédéric André, négociant à Paris, rue de Berry, n°. 29.

Brevet de 10 années pour importation.

Nouvelle méthode de graver et d'imprimer par des procédés et avec le secours de matières qui, jusqu'à présent, n'ont été employés ni à l'impression ni à la gravure.

175.

22 Pluviose. Jean Amavet, mécanicien à Paris, rue de Grammont.

Brevet de 5 années,

Procédé propre à empêcher la chute des voitures quelconques, occasionnée soit par la rupture des essieux, soit par l'échappement des écrous qui retiennent les roues à leur place.

176.

12 Ventose. MICHIELS aîné, commissaire du gouvernement près le tribunal criminel du département de la Meuse-Inférieure, et les trois frères ANTOINE, JOSEPH et FRANÇOIS FRAITURE, horlogers à Maëstricht.

Brevet de 10 années,

Machine qu'ils nomment *Photo-périphore, catadioptrique.*

177.

17 Ventose. BRUINE, demeurant à Paris, rue du Croissant, n°. 14.

Brevet de 5 années.

Nouveau poêle, salubre et économique.

178.

22 Germinal. GEORGES-ALEXANDRE VAL-

An 10.

.LON, ancien ingénieur en chef des ponts-et-chaussées, demeurant à Paris, rue Neuve-Saint-Augustin, au coin de celle Sainte-Anne.

Brevet de 3 années,

Procédés propres à convertir les étoupes en charpie-vierge et en ouate.

179.

27 Germinal. JOSEPH DESBLANC et compagnie, demeurant à Trévoux, département de l'Ain.

Brevet de 15 années,

Remontage des bateaux par le moyen d'une pompe à feu.

180.

27 Germinal. WILLIAM STORY, chimiste, demeurant à Fontenay-sous-Bois, près Vincennes.

Brevet de 5 années,

Fabrication d'un bleu anglais céleste.

181,

181.

7 Floréal. Les frères ERARD, fabricant d'instrumens de musique, demeurant à Paris, rue du Mail.

Brevet d'invention, importation et perfectionnement pour 15 années.

Procédés relatifs au perfectionnement de la harpe. *Voyez* n°. 89.

182.

14 Floréal. LAURENT WEBER, habitant de de Mulhausen, département du Haut-Rhin.

Brevet de 10 années,

Nouvelle voiture à charge, sans essieux.

183.

5 Prairial. GEORGES ODIORNE, demeurant à Paris chez M. Melville, rue Neuve-des-Mathurins, n°. 875.

An 10.

Brevet de 3 années pour importation.

Nouvel instrument nommé *Horizon artificiel* par son auteur.

184.

5 Prairial. Denohe, Henrion et Rouch, demeurant à Paris, rue de la Loi, n°. 19.

Brevet de 5 années,

Cafetière *Pharmaco-chimique.*

185.

12 Prairial. Georges Odiorne, demeurant à Paris chez M. Melville, rue Neuve-des-Mathurins, n°. 875.

Brevet de 3 années pour importation.

Loch perpétuel.

186.

12 Prairial. Jourdan père et fils, demeurant à Lyon, rue de la Barre, n°. 186.

Brevet de 5 années,

Métier propre à la fabrication des fonds

An 10.

de dentelle en soie, façon anglaise. *Voyez* no. 337.

187.

29 Prairial. MARCEL CARDINET, ingénieur, demeurant à Paris, rue de Bourgogne, n°. 395.

Brevet de 10 *années*;

Nouveau jeu de bague.

188.

10 Messidor. JEAN-CHARLES THILORIER, demeurant à Paris, rue du Hasard, n°. 2.

Certificat d'additions et perfectionnemens pour l'invention des poëles et fourneaux fumivores. *Voyez* nos. 126, 137, 253, 329.

189.

10 Messidor. CÉCILE-LOUISE-JOSEPHE CLARKE, demeurant à Paris, rue Poissonnière, n°. 161.

An 10.

Certificat de perfectionnement et additions pour des procédés relatifs à la fabrication et au filage du lin et du chanvre. *Voyez* nos 161, 222.

190.

17 Messidor. FRANÇOIS-HENRI OLLIVIER, demeurant à Paris, rue Thibaulodé, no 9.

Brevet de 10 années,

Procédés propres à fondre, graver et imprimer la musique et le plain-chant en caractères mobiles.

191.

1 Thermidor. GEORGES COUSINEAU, luthier à Paris, rue de Thionville, no 1840.

Brevet de 5 années.

Nouvelle mécanique de harpe, à pans inclinés et paraboliques, et à renforcemens acoustiques.

An 10.

192.

8 Thermidor. CHARLES JOLY, demeurant à Paris, rue de l'Arbre-Sec, n°. 35.

Certificat de perfectionnement et additions pour le perfectionnement de la lampe à double courant d'air. *Voyez* nos 171, 262.

193.

6 Fructidor. JEAN-BAPTISTE MONS, demeurant à Paris, boulevart Poissonnière, n°. 17.

Brevet de 5 années (exp. par décr. du 9 brumaire an 13).

Procédés propres à rendre les draps, toiles et papiers impénétrables à l'eau.

An 11.

194.

20 Vendémiaire. DOUGLASS, ingénieur, demeurant à Paris, hôtel Boston, rue Vivienne, n°. 64.

An 11.

Brevet de 15 années.

Nouvelles machines perfectionnées, propres à la fabrication, à l'apprêt et au brossage de toutes sortes de draps, casimirs, étoffes de laine, etc. *Voyez* n°. 299.

195.

20 Vendémiaire. BRUN, BERNEVAL et MAGNAN, domiciliés à Paris, rue du faubourg Montmartre, n° 42.

Brevet de 10 années (exp. par décr. du 9 brumaire an 13).

Nouvelle charrue destinée à la culture des cannes à sucre.

196.

25 Brumaire. GARNERIN, demeurant à Paris, rue Plumet.

Brevet de 5 années.

Machine nommée *Parachute.*

197.

2 Frimaire. JAMES SMITH et JAMES THOMAS, demeurant à Paris, rue de Lille.

Brevet de 5 années (exp. par décr. du 9 brumaire an 13).

Cuirs impénétrables à l'eau.

198.

2 Frimaire. JEAN-BAPTISTE-MICHEL, raffineur de soufre, à Marseille, rue du Coq, île 16, n°. 20.

Brevet de 10 années.

Nouveau procédé relatif au raffinage du soufre.

199.

9 Frimaire. MARIE CHENAVARD, demeurant à Paris, rue de Thorigny, n°. 540.

Brevet de 10 années.

Procédés relatifs à la fabrication d'étoffes nouvelles pour tentures et autres objets. *Voyez* n°. 255.

An 11.

200.

22 Frimaire. François Brun, demeurant à Lyon, rue Pezay, nº. 121.

Brevet de 5 années.

Ventilateur propre à conditionner les soies, à sécher les soies teintes, renouveler, purifier l'air dans les hôpitaux, prisons, vaisseaux, ateliers, etc.

201.

30 Frimaire. Marguerie, demeurant à Paris, rue du Vieux-Colombier, nº. 769.

Brevet de 2 années.

Papier de tenture imitant le satin et l'argent.

202.

30 Frimaire. Potter, père et fils, demeurant à Paris, faubourg Saint-Martin, nº. 43.

Brevet de 10 années pour importation et perfectionnement.

Procédé pour imprimer sur verre, por-

An 11.

celaine, poterie, tôle, bois vernissé, et toute autre matière qui, par sa nature ou sa forme, ne peut subir l'action de la presse.

203.

7 Nivose. JEAN NAZO, demeurant à Marseille.

Brevet de 2 années.

Procédé relatif à la fabrication de l'eau-de-vie avec des raisins secs.

204.

7 Nivose. Les frères CALLIAS, demeurant à Paris, rue des Martyrs, faubourg Montmartre, n°. 47.

Brevet de 15 années pour perfectionnement.

Fabrication du charbon avec de la tourbe. *Voyez* n°s. 259, 315.

205.

14 Nivose. LAURENT-MATHIEU FAUX et

An 11.

Jacques-Georges, artistes, demeurant à Verviers, département de l'Ourte.

Brevet de 5 années.

Machine à peigner et à carder la laine. *Voyez* nos. 306, 317.

206.

14 Nivose. Boudier, demeurant à Paris, rue Saint-Romain, no 284.

Brevet de 2 années.

Fabrication de carreaux servant à construire les âtres des fours des boulangers.

207.

21 Nivose. Bercy jeune, demeurant à Paris, rue Mêlée, no. 68.

Brevet de 2 années.

Préparation des cuirs propres à la confection des schakos d'infanterie légère, et autres parties de l'habillement de la troupe.

208.

19 Pluviose. PIERRE-GERMAIN PRÜNGNAUD, demeurant à Paris, rue de la Roquette, n°. 9.

Brevet de 2 années.

Préparation et impression des cuirs corroyés.

209.

26 Pluviose. LOUIS-ROBERT AUGER, demeurant à Paris, rue de la Loi, n°. 288.

Brevet de 5 années (exp. par décr. du 9 brumaire an 13).

Procédés au moyen desquels il retire des cacaos des îles de nos colonies, leur saveur trop forte, leur âcreté et leur amertume, sans rien détruire ni altérer de leurs parties onctueuses et homogènes.

210.

10 Ventose. BENOÎT DEMBERTE, demeurant à Paris, rue des Postes, n°. 46.

An 11.

Brevet de 10 années (exp. par décr. du 9 brumaire an 13).

Procédés qu'il emploie à l'effet de conserver les huîtres de Marennes et les amener fraîches à Paris, ainsi que le saumon.

211.

24 Ventose. Pierre Jandeau, demeurant à Paris, rue des Fossés-Saint-Germain-l'Auxerrois, n°. 28.

Brevet de 5 années.

Machine à fabriquer des bas. *Voyez* n°. 257.

212.

1 Germinal. Philippe Girard, professeur de chimie, demeurant à Paris, place Vendôme, n°. 1.

Brevet de 2 années.

Nouveau mécanisme applicable aux lampes à double courant d'air. *Voyez* nos. 220, 231, 282, 309.

An 11.

213.

1 Germinal. MATHILDE TONC, demeurant à Paris, boulevart des Invalides, n°. 1439.

Brevet de 10 années pour importation.

Procédés propres à clarifier, purifier, imprégner ou saturer, composer ou décomposer des fluides ou des corps qui peuvent être rendus fluides par le feu.

214.

8 Germinal. THOMAS-CHARLES-AUGUSTE DALLERY, demeurant à Paris, rue Beaubourg, n°. 273.

Brevet de 5 années.

Mobile appliqué aux voies de transport par terre et par mer.

215.

8 Germinal. BOIS, ferblantier, demeurant à Paris, rue de Thionville, n°. 58.

An 11.

Brevet de 15 années.

Machine nommée *double Réflecteur*, adaptée à la lampe nommée *Quinquet.*

216.

15 Germinal. CALLAT, demeurant à Paris, rue du faubourg Poissonnière, n°. 28.

Brevet de 5 années.

Carde perfectionnée, à double mobile et à cylindre.

217.

22 Germinal. CHARLES-DIMAS-PIERRE BRILHAC, demeurant à Paris, rue du Four-S.-Honoré, maison S.-Laurent.

Brevet de 15 années.

Composition d'une gomme propre à blanchir le linge.

218.

4 Prairial. MARTIN et compagnie, fabricans à Orléans.

Brevet de 15 années.

Nouvelles mécaniques propres à la filature des laines. *Voyez* n°. 254.

219.

11 Prairial. JEAN-ALEXANDRE DUBOCHET, domicilié à Nantes.

Brevet de 15 années.

Nouvelle construction de pompes à feu, dans lesquelles un seul robinet, ou soupape tournante, est substitué aux quatre soupapes et aux boîtes à vapeur actuellement en usage.

220.

18 Prairial. PHILIPPE GIRARD, professeur de chimie, demeurant à Paris, place Vendôme, n°. 1.

Certificat de perfectionnemens et d'additions au mécanisme applicable aux lampes à double courant d'air. *Voyez* n°s. 212, 231, 282, 309.

An 11.

221.

25 Prairial. TOURON, demeurant à Paris, rue du Ponceau, nº. 10.

Brevet de 10 années.

Fabrication d'étoffes de crin imprimées.

222.

20 Floréal. Mme. CÉCILE-LOUISE-JOSEPHE CLARKE, demeurant à Mons, rue Grande, nº. 39.

Certificat de perfectionnemens et additions aux procédés relatifs à la fabrication et au filage du lin. *Voyez* nos. 161, 189.

223.

4 Thermidor. TOBIAS SCHMIDT, facteur de forté-piano, demeurant à Paris, rue des Grands-Augustins, nº. 29.

Brevet de 5 années.

Instrument qu'il nomme *Piano-Harmonica.*

224.

224.

10 Thermidor. JOHN WILCOX, Anglais, domicilié à Bordeaux.

Brevet de 5 années.

Procédés pour la fabrication des chapeaux de soie.

225.

28 Thermidor. FRANÇOIS BROCHAUD, demeurant à Paris, rue des Orties.

Brevet de 5 années.

Lampe à triple courant d'air et à pompe foulante.

226.

28 Thermidor. SMITH et CUCHET.

Brevet de 10 années.

Pour perfectionnement de leur invention des filtres inaltérables, qu'ils nomment *Filtres-Charbon. Voyez* n°. 129.

227.

5 Fructidor. Jean-Frédéric Chabannes, demeurant à Paris, rue de la Pépinière du Roule, n°. 789.

Brevet de 15 années.

Voitures dont les essieux, les roues et la manière de suspendre et de construire la caisse, sont exécutés sur de nouveaux principes. *Voyez* n°. 341.

228.

19 Fructidor. Claude-François-Adrien Rouval, demeurant à Paris, rue de Bourgogne, n°. 1053.

Brevet de 5 années.

Machine propre à semer toutes sortes de grains, et applicable à toute charrue montée sur des roues.

229.

26 Fructidor. François Bossu, ingénieur-

An 12.

architecte, à Paris, rue de Verneuil, n°. 430.

Brevet de 15 années.

Machine hydraulique nommée *Moulin sans roue.*

230.

11 Vendémiaire. LEIGNADIER, demeurant à Paris, rue de Bourgogne, n°. 72.

Brevet de 5 années, pour importation.

Plaques de propreté que l'on applique sur les portes d'appartement.

231.

2 Brumaire. PHILIPPE GIRARD, professeur de chimie, demeurant à Paris, place Vendôme, n°. 1.

Certificat de perfectionnement et d'additions aux lampes mécaniques. *Voyez* nos. 220, 212, 282, 309.

An 12.

232.

2 Brumaire. François Leblanc, machiniste, demeurant à Reims, rue S.-Pierre,

Brevet de 5 années.

Pour perfectionnement d'une machine à tondre les étoffes. *Voyez* n°. 258.

233.

23 Brumaire. Leignadier, demeurant à Paris, rue de Bourgogne, n°. 72.

Brevet de 10 années.

Pour importation d'une garde-robe hydraulique.

234.

30 Brumaire. Veuve Recicourt, Jobert, Lucas et compagnie, fabricans à Reims.

Brevet de 5 années.

Nouvelle manière de fabriquer les schalls de Vigogne.

235.

4 Frimaire. Charles Merlin, demeurant à Paris, rue de la Loi, hôtel de Dublin.

Brevet de 10 *années.*

Pont à bascule à trois leviers.

236.

14 Frimaire. Philippe et Frédéric Girard, demeurant à Paris, rue de la Révolution, hôtel Britannique,

Brevet de 5 *années.*

Moyen de construire des orgues dont on peut à volonté enfler ou diminuer les sons.

237.

21 Frimaire. Antoine Barre, demeurant à Nîmes, département du Gard, et à Paris, rue de la Loi, n°. 107.

Brevet de 10 *années.*

Machine à distiller des vins et des marcs

An 12.

de raisins en même-temps, sans que les produits se mêlent. *Voyez* no. 336.

238.

28 Frimaire. Pierre Couteault, professeur de physique à l'école centrale de la Vienne.

Brevet de 5 années.

Cuisines économiques.

239.

28 Frimaire. Solimani, professeur de physique et de chimie à l'école centrale du département du Gard.

Brevet de 10 années.

Pour perfectionnement d'un appareil propre à la distillation des vins et à la formation des eaux-de-vie. *Voyez* nos. 149, 164.

240.

5 Nivose. Jean-Baptiste Fournier, phar-

macien, demeurant à Nîmes, département du Gard.

Brevet de 5 années.

Appareil de distillation. *Voyez* n°. 252.

241.

12 Nivose. Claude Fleuret, professeur d'architecture civile et militaire, demeurant à Paris, rue S.-Dominique, n°. 897.

Brevet de 10 années.

Moule propre à la fabrication d'une pierre factice pour les conduites d'eau en général.

242.

19 Nivose. Desnoyers et Guérin, propriétaires des forges de Dilling et Betting, situées près Sarrelibre, département de la Moselle.

Brevet de 10 années.

Importation de procédés relatifs à la con-

An 12.

version de la fonte de fer en fer malléable, au moyen du charbon de terre.

243.

26 Nivose. CHARLES GUILLAUME, demeurant à Chaillot, près Paris, rue de Longchamp, n°. 89.

Brevet de 5 années.

Charrue économique.

244.

26 Nivose. AUGUSTE ALBERT, demeurant à Paris, rue d'Angoulême, n°. 46.

Brevet de 15 années.

Roue à double force, applicable au treuil, à la grue et à toutes les machines mues par des hommes. *Voyez* n°. 316.

245.

3 Pluviose. LOUIS-EZÉCHIAS POUCHET, demeurant à Rouen, rue S.-Nicolas, n°. 31.

Brevet

Brevet de 5 années.

Machines à filer le coton, perfectionnées.

246.

10 Pluviose. THUEZ, demeurant à Paris, rue Martel, faubourg Poissonnière, n°. 7.

Brevet de 5 années.

Machine hydraulique de nature à trouver un moteur dans une quantité donnée d'eau stagnante.

247.

17 Pluviose. MARIE-JEAN DESOUCHES, demeurant à Paris, rue de Verneuil, n°. 835.

Brevet de 5 années.

Lit en fer, construit d'après des principes nouveaux.

248.

24 Pluviose. JEAN-HENRI VATHIER, mécani-

An 12.

cien, demeurant à Charleville, département des Ardennes.

Brevet de 5 années.

Machine à tondre les draps et les étoffes. *Voyez* n°. 265.

249.

24 Pluviose. Utzchneider, copropriétaire de la manufacture en cailloutage établie à Sarguemines, département de la Moselle.

Brevet de 5 années.

Composition d'une pâte rouge non-émaillée, propre à fabriquer toutes sortes de vases.

250.

24 Pluviose. Thomas Stone, demeurant rue des Quatre-fils, et James Henderson, demeurant rue de la Pépinière, n°. 79, à Paris.

An 12.

Brevet de 15 années.

Nouveau principe de mécanique destiné à remplacer la main-d'œuvre, en joignant les côtés des segmens de toute matière flexible, et particulièrement applicable à l'habillement des armées et de la marine.

251.

1er Ventose. John Mour et Georges Armitage, demeurant à Paris, rue Thévenot, n°. 5.

Brevet de 5 années.

Importation de plusieurs perfectionnemens et additions à la construction et à la main-d'œuvre du métier à bas, et surtout à la machine à faire de la dentelle.

252.

8 Ventose. Jean-Baptiste Fournier, pharmacien, demeurant à Nimes, département du Gard.

An 12.

Certificat de changemens et additions à son appareil de distillation. *Voyez* n°. 240.

253.

15 Ventose. THILORIER, demeurant à Paris, rue du Hasard, n°. 2.

Certificat de perfectionnement et d'additions aux procédés de fabrication de ses poëles fumivores. *Voyez* n°s. 126, 137, 188, 329.

254.

15 Ventose. MARTIN et compagnie, manufacturiers et fabricans d'étoffes en laine à Orléans, département du Loiret.

Certificat de perfectionnement de machines à carder les laines. *Voyez* n°. 218.

255.

22 Ventôse. CHENAVARD, demeurant à Paris, rue de Thorigny, n°. 540.

Certificat de perfectionnement et d'addi-

An 12.

tions aux procédés de fabrication d'étoffes nouvelles, pour tentures et autres objets. *Voyez* n°. 199.

256.

22 Ventose. Jean-Guillaume Biart, demeurant à Rouen, rue d'Elbeuf, n°. 65.

Brevet de 10 *années.*

Machine propre à tisser l'étoffe simple et l'étoffe figurée, par un mouvement de rotation.

257.

13 Germinal. Pierre Jandeau, demeurant à Paris, rue des Fossés-S.-Germain-l'Auxerrois, n°. 28.

Certificat de perfectionnement d'un métier à bas. *Voyez* n°. 211.

258.

13 Germinal. François Leblanc, machiniste à Reims.

Certificat de perfectionnement d'une machine à tondre les étoffes. *V.* n°. 232.

An 12.

259.

13 Germinal. CALLIAS, frères.

Certificat d'additions et de changemens à leurs procédés de carbonisation de la tourbe. *Voyez* n°s. 204, 315.

260.

13 Germinal. JACQUES-CHARLES DUVAL, marchand miroitier à Paris, rue Neuve S.-Eustache, n°. 37.

Brevet de 15 *années.*

Polyèdre à lampe, ou miroir concave à glace plane.

261.

16 Prairial. LANGE, demeurant à Paris, rue Sainte-Avoie, n°. 140.

Brevet de 10 *années.*

Procédés propres à élever les fluides, même le gaz, et notamment l'huile, dans les lampes à courant d'air de son invention. *Voyez* 264, 303.

An 12.

262.

16 Prairial. CHARLES JOLY, fabricant de lampes à Paris, rue des Fossés-Saint-Germain l'Auxerrois, n°. 11.

Certificat de perfection et d'additions à sa lampe à double courant d'air. *Voyez* n°. 192.

263.

30 Prairial. JEAN-HENRI HÉNORY, docteur en médecine, à Paris, rue de l'Ecole de Médecine, n°. 1.

Brevet de 5 années.

Manière perfectionnée de préparer un fluide propre à rendre toute espèce de cuir, vieux ou neuf, imperméable et élastique.

264.

21 Messidor. LANGE, demeurant à Paris, rue Sainte-Avoie, n°. 140.

Certificat de perfectionnement et d'addi-

An 12.

tions à ses procédés consistant à élever graduellement les fluides, même les gaz, et notamment l'huile, dans les lampes à courant d'air. *Voyez* nos 261, 303.

265.

21 Messidor. JEAN-HENRI WATHIER, mécanicien, demeurant à Charleville, département des Ardennes.

Certificat de perfectionnement de sa machine à tondre les draps. *V.* no. 248.

266.

21 Messidor. ROCHON, demeurant à Paris, hôtel de la Rochefoucault, rue de Seine.

Brevet de 5 années.

Manière de fabriquer une chandelle économique avec la graisse des os et du suif de mouton.

267.

28 Messidor. RÉNÉ LEGUAY, demeurant à Lyon, quai Saint-Clair, no. 124.

An 12.

Brevet de 5 années.

Manière de faire les perruques, consistant à tisser en même-temps et les cheveux et l'étoffe à laquelle ils sont adhérens.

268.

5 Thermidor. SAMUEL HAWKINS, citoyen des États-Unis d'Amérique, demeurant à Paris, hôtel de Richelieu, rue de la Loi.

Brevet de 5 années.

Importation d'une nouvelle manière de fabriquer et d'employer les canons et leurs affûts, d'après les procédés de *Gover.*

269.

12 Thermidor. VINÇARD, imprimeur à Paris, rue des Prêtres Saint-Séverin.

Brevet de 5 années.

Nouveaux caractères d'impression, qu'il nomme *Hamapolygrammatiques.*

An 12.

270.

12 thermidor. François Revol, neveu, fabricant de faïence, à Lyon, quai Pierre-Scise, n°. 116.

Brevet de 5 années.

Four propre à cuire la faïence avec du charbon de terre.

271.

6 Fructidor. Oyon et compagnie, habitans de Villabé, arrondissement de Corbeil, département de Seine et Oise.

Brevet de 10 années.

Nouveaux procédés de manipulation de la tourbe. *Voyez* n°. 332.

272.

27 Fructidor. Claude Dorigny, demeurant à Soissons, département de l'Aisne.

Brevet de 5 années.

Nouveau procédé relatif à la carbonisation de la tourbe.

An 12.

273.

4e. Jour complémentaire. BARTHÉLEMI-LOUIS COTTE, propriétaire, demeurant à Pouzols, arrondissement de Lodève.

Brevet de 15 années.

Procédé à l'aide duquel les bateaux peuvent remonter le courant des rivières et des fleuves sans le secours d'aucun moteur animal. *Voyez* n°. 313.

An 13.

274.

6 Vendémiaire. JEAN-BAPTISTE MOLLERAT, demeurant à Paris, rue du Bacq, n°. 405.

Brevet de 15 années.

Appareil propre à distiller et recueillir les produits du bois.

275.

11 Brumaire. SIMON-THADÉE POBECHEIM, demeurant à Paris, rue Martel,

An 13.

n°. 12, et JAMES WHITE, rue de Popincourt, n°. 47.

Brevet de 15 années.

Nouveau système de machines propres à filer toutes sortes de matières filamenteuses. *Voyez* n°. 328.

276.

25 Brumaire. CHRISTOPHE POTTER père, et THOMAS-MILLE POTTER fils, demeurant rue du faubourg Saint-Martin, n°. 43.

Brevet de 15 années.

Procédé relatif à la manipulation des terres.

277.

25 Brumaire. CHABANNES et HENDERSON, demeurant à Paris, rue de la Pépinière du Roule.

Brevet de 5 années.

Nouvelle manière de construire les maisons et les édifices.

An 13.

278.

25 Brumaire. FIRMIN BARNE, neveu, demeurant à Nîmes.

Certificat de perfectionnement de son appareil distillatoire. *Voyez* no. 173.

279.

9 Frimaire. CHARLES-ETIENNE ANDRÉ, négociant à la Canourgue, département de la Lozère, et à Auqueiresques, département de l'Aveyron.

Brevet de 10 années.

Fabrication d'une étoffe fil, coton et laine croisés.

280.

16 Frimaire. PIERRE GUY, propriétaire au Château, île d'Oleron, département de la Charente inférieure.

Brevet de 5 années.

Chaudière propre à la distillation de l'eau-de-vie.

An 15.

281.

23 Frimaire. BARTHELEMI MICHALLON, demeurant à Paris, rue de Richelieu, nº. 299.

Brevet de 5 années.

Procédés relatifs au tissage des cheveux.

282.

30 Frimaire. FRÉDÉRIC et PHILIPPE GIRARD, frères, demeurant à Paris, rue de Provence, nº. 29.

Brevet de perfectionnement de leurs lampes hydrostatiques, à globe de cristal, et autres objets. *Voyez* nºs. 212, 220, 231, 309.

283.

14 Nivose. JEAN DESPIAUX, demeurant à Condom, département du Gers.

Brevet de 10 années.

Nouveau métier à tisser les étoffes.

An 13.

284.

14 Nivose. JACQUES DESROCHES, demeurant à Paris, rue de Lille, n°. 529.

Brevet de 15 *années.*

Nouveau système de voitures légères, sous la dénomination de *Télégraphes.*

285.

28 Nivose. JEAN-MICHEL SINGER et compagnie, demeurant à Paris, rue du faubourg Montmartre, n°. 91.

Brevet de 10 *années.*

Nouveau four à cuire les tuiles et les briques.

286.

5 Pluviose. NICOLAS-ALEXIS-JOSEPH BAUDOM, habitant de Ville-lès-Pommereul, arrondissement de Tournai, département de Jemmape.

Brevet de 15 *années.*

Four économique qui se chauffe avec

An 13.

du charbon de terre, escabilles, bois, etc., sans que les matières combustibles entrent dans le four.

287.

5 Pluviose. JOBERT, LUCAS et compagnie, négociant à Reims, département de la Marne.

Brevet de 5 années,

Composition de laine léonaise et laine métis de France, imitant le cachemire.

288.

3 Ventose. CURAUDAU, demeurant à Paris, rue Grenier-Saint-Lazare, n°. 696.

Brevet de 5 années,

Nouveaux procédés de construction des fourneaux, cheminées, poëles. *Voyez* n°. 296.

289.

An 13.

289.

10 Ventose. HENRI DIDOT, demeurant à Paris, rue du Regard, n°. 820.

Brevet de 10 années,

Nouvelle manière de fondre les caractères d'imprimerie.

290.

——— CURAUDAU, demeurant à Paris, rue Grenier-Saint-Lazare, n°, 696.

Brevet de 15 années,

Procédé à l'aide duquel on fabrique l'alun de Rome.

291.

17 Ventose. ETIENNE FAVREAU et LOUIS THIÉBAUT, rue du faubourg Saint-Martin, n°. 216.

Brevet de 15 années,

Métier à manivelle ou rotation continue.

292.

17 Ventose. HENRI BRUGNIÈRES, demeurant à Nîmes, département du Gard.

Brevet de 15 années,

Appareil distillatoire perfectionné. *Voyez* no. 352.

293.

24 Ventose. HENRI WATHIER, mécanicien, demeurant à Charleville, département des Ardennes.

Brevet de 15 années,

Machine à laine.

294.

1er. Germinal. CAUNES et LANASPEZE, demeurans, le premier, à Guiétas, département de l'Aude, et le second à Marseille, rue de Paradis, île 457, no. 2.

An 13.

Brevet de 5 années,

Machine propre à empêcher le refoulement de la fumée dans les appartemens.

295.

26 Germinal. M. J. B. CELLIER, demeurant à Paris, rue Batave, n°. 400.

Brevet de 5 années,

Encre indestructible et incorruptible.

296.

26 Germinal. CURAUDAU, demeurant à Paris, rue Grenier Saint-Lazare, n°. 696.

Brevet de 10 années,

Pour le perfectionnement de ses constructions Pyrotechniques. *Voyez* n°. 288.

297.

26 Germinal. GUILLAUME et LEMARRE, de-

An 13.

meurant à Paris, le premier, rue de la Harpe, n°. 117, et le second quai de la Monnoie, n°. 2.

Brevet de 10 années,

Procédé qui produit des éditions protolypes.

298.

26 Germinal. JANIN, peintre et doreur en bâtiment, à Paris, rue des Petits-Augustins, n°. 1278.

Brevet de 5 années,

Procédés relatifs à la dorure sur bois.

299.

16 Floréal. JAMES DOUGLAS, demeurant à Paris, rue de l'Université.

Certificat de perfectionnement, changemens et additions aux machines à filer la laine. *Voyez* n°. 194.

Il a depuis inventé et publié une nouvelle machine à lainer les draps,

An 13.

qu'il annonce être propre au lainage des casimirs et étoffes telles que celles de Reims.

300.

28 Floréal. MONTASSIER et REINE, demeurant à Paris, rue du Four, faubourg Saint-Germain, no. 113.

Brevet de 5 années,

Procédés relatifs à la composition d'un goudron minéral.

301.

29 Floréal. ANDRÉ LORRAINE, demeurant à Paris, rue du Bout-du-Monde, no. 147.

Brevet de 10 années,

Procédé propre à la fabrication de chandelles, bougies parfumées, blanches et coloriées.

An 13.

302.

29 Floréal. TERNAUX frères, négocians à Paris, place des Victoires.

Brevet de 5 années,

Etoffes nouvelles, sous le nom de *Sati-draps* et *draps façon de vigogne.*

303.

1er. Prairial. LANGE, demeurant à Paris, rue Sainte-Avoie, n°. 140.

Certificat de perfectionnement et d'additions à ses lampes à courant d'air. *Voyez* n°s. 261 264.

304.

1er. Prairial. JEAN-LOUIS FLIEKWIER, propriétaire, domicilié à Cette, département de l'Hérault.

Brevet de 10 années,

Moyen d'opérer facilement, et à peu de frais, la rectification de l'alcohol.

An 13.

305.

1er. Prairial. BENOIST, PINJAU fils et GUILLON, raffineurs à Orléans.

Brevet de 15 années,

Nouveaux moyens, procédés et machines pour la clarification et le parfait raffinage du sucre.

306.

4 Prairial. JACQUES-JOSEPH GEORGES, demeurant à Verviers, département de de l'Ourte.

Certificat de perfectionnement d'une machine à carder la laine. *Voyez* n°. 205.

307.

4 Prairial. LOUIS CARON, demeurant à Paris, Palais du Tribunat, n°. 169.

Brevet de 5 années,

Nouveau procédé et métier pour la

confection des perruques. *Voyez* n°. 326.

308.

4 Prairial. DURIVOIR, demeurant à Paris, rue du faubourg Poissonnière, n°. 6.

Brevet de 5 années,

Construction de plusieurs nouvelles voitures et accessoires.

309.

4 Prairial. GIRARD frères, demeurant à Paris, rue de Provence, n°. 27.

Certificat de perfectionnement et d'additions à leurs procédés de construction de lampes hydrostatiques et mécaniques, et de globes de cristal. *Voyez* n°s. 282, 212, 220, 231.

310.

4 Prairial. MARMONT, dentiste à Paris, rue de la Loi, n°. 955.

Brevet

An 13.

Brevet de 5 années,

Miroir qu'il nomme *Odontotechnique.*

311.

4 Prairial. PIERRE-JEAN-LOUIS DE MARGUERIE, demeurant à Paris, rue du Vieux-Colombier, faubourg Saint-Germain, n°. 769.

Brevet de 15 années.

Procédé de chauffage économique.

312.

13 Prairial. EDOUARD ADAM, demeurant à Montpellier, département de l'Hérault.

Certificat de perfectionnement pour retirer du vin tout l'alcohol qu'il contient, *Voyez* n°. 147.

313.

13 Prairial. BARTHÉLEMI-LOUIS-MARIE

An 13.

Cotte de la Tour, propriétaire, demeurant dans la commune de Pouzole, département de l'Hérault.

Certificat d'additions au procédé par lequel il fait remonter les bateaux contre le courant des fleuves et des rivières navigables, sans le secours d'aucun moteur animal. *Voyez* nº. 273.

314.

13 Prairial. Geniez-Maurice-André Chaumette, demeurant à Paris, rue de Cléry, nº. 59.

Brevet de 10 *années*,

Cylindres à mastic résineux, sur lesquels on applique des caractères mobiles pour l'impression des toiles, musique, objets de typographie.

315.

18 Prairial. Callias frères et compagnie,

An 13.

demeurant à Paris, rue des Martyrs, n°. 47.

Certificat de perfectionnement et d'additions à leurs procédés de carbonisation de la tourbe. *Voyez* n°s. 204 et 259.

316.

18 Prairial. AUGUSTE ALBERT, demeurant à Paris, rue d'Angoulême, n°. 46.

Certificat de perfectionnement, changemens et additions à sa roue à double force. *Voyez* n°. 244.

317.

18 Prairial. LAURENT-MATHIEU FAUX, demeurant à Verviers, département de l'Ourte.

Certificat de perfectionnement et de changemens à une machine à ouvrer et à carder la laine. *Voyez* n°. 205.

318.

18 Prairial. JEAN-JACQUES GOIN et PAUL-

An 13.

Jacques de Marperger, demeurant à Paris, le premier rue de Mesnil-Montant, no. 112, et le second rue du faubourg Poissonnière, no. 12.

Brevet de 5 années,

Machine hydraulique propre à élever des fardeaux.

319.

1er. Messidor. Armand-Etienne Desquinemart, demeurant à Paris, rue Notre-Dame-des-Champs, no. 1469.

Brevet de 15 années,

Machine qu'il nomme *Panémore-anémomètre.*

320.

1er. Messidor. Etienne Poulleau, demeurant à Paris, hôtel de Blois, rue des Bons-Enfans.

Brevet de 5 années,

Instrument musical que l'auteur nomme *Orchestrino* (petit orchestre).

321.

7 Thermidor. J. A. Dubouchet, de Nantes, département de la Loire-Inférieure.

Brevet de 15 années,

Procédés relatifs à la conduite des bateaux,

322.

7 Thermidor. Fleury Delorme, demeurant à Paris, rue Saint-Denis, maison neuve Saint-Sauveur, n°. 10.

Brevet de 10 années,

Broderie-velours.

323.

7 Thermidor. Monteloux-Lavilleneuve, administrateur de la manufacture de

An 13.

vernis sur métaux, située à Paris, rue Martel, n°. 15, pour lui et compagnie.

Brevet de 5 années,

Imitation de la porcelaine dite *Weedgvood*, en toutes sortes d'objets fabriqués en métal et vernis.

324.

7 Thermidor. CHRIST et THOMAS MILLS POTTER, demeurant à Paris, rue du faubourg Saint-Martin, n°. 43.

Brevet de 15 années,

Nouveau procédé pour la préparation de la tourbe.

325.

7 Thermidor. DUMOUTIER, demeurant à Paris, rue des Grands-Augustins, n°. 15.

An 13.

Brevet de 5 années,

Procédé au moyen duquel on puise de l'eau à une grande profondeur, et on la porte au plus haut degré d'élévation.

326.

7 Thermidor. LOUIS CARON, demeurant à Paris, Palais du Tribunat, n°. 169. Certificat d'additions et perfectionnement de la machine à confectionner les perruques. *Voyez* n°. 307.

327.

7 Thermidor. MONTELOUX-LAVILLENEUVE, administrateur de la manufacture de vernis sur métaux, située à Paris, rue Martel, n°. 15, pour lui et compagnie.

Brevet de 5 années.

Procédé pour dorer à l'huile, en or

An 13.

bruni, toutes sortes d'objets fabriqués en métal verni.

328.

11 Thermidor. James White, demeurant à Paris, rue de Popincourt, nº. 47, et Simon-Thadée Pobecheim, rue Martel, nº. 12.

Certificat d'additions et perfectionnement du système de préparation et filature de matières filamenteuses. *Voyez* nº. 275.

329.

28 Thermidor. Thilorier, demeurant à Paris, rue du Hasard, nº. 2.

Certificat d'additions et perfectionnement de ses poëles fumivores. *Voyez* nºs. 126, 137, 188, 253.

330.

28 Thermidor. Louis Japy, horloger,

An 13.

demeurant à Beaumont département du Haut-Rhin.

Brevet de 5 années.

Machine propre au tirage du fil d'acier, de laiton et de fer, depuis le n°. 16 jusqu'au n°. 30.

331.

28 Thermidor. ISAAC BERARD, fabricant d'eau-de-vie au Grand-Gaillargue, département de l'Hérault.

Brevet de 10 années,

Appareil distillatoire. *Voyez* n°. 351.

332.

12 Fructidor. OYON et compagnie, habitans de Villabé, arrondissement de Corbeil, département de Seine-et-Oise.

Certificat de perfectionnement des procédés de fabrication de la tourbe. *Voyez* n°. 271.

An 13.

333.

28 Fructidor. LOUIS-FRANÇOIS OLLIVIER, manufacturier en faïence, à Paris, rue de la Roquette, n°. 73.

Brevet de 10 *années*,

Calorifère en remplacement des poëles et cheminées ordinaires.

334.

26 Fructidor. ETIENNE-LOUIS-PASCAL CHANARY, marchand parfumeur et distillateur à Montpellier, département de l'Hérault.

Brevet de 10 *années*,

Procédé relatif à l'amélioration de la distillation des eaux-de-vie et esprits.

335.

3e. jour compl. JOSEPH-FERDINAND GENSOUL, négociant à Lyon, y demeurant rue du Griffon, n°. 16.

An 13.

Brevet de 15 années,

Machine avec laquelle on applique au filage du cocon le chauffage au moyen de la vapeur de l'eau bouillante.

336.

3e. jour compl. ANTOINE BARRÉ, demeurant à Nîmes, département du Gard.

Brevet de 5 années,

Perfectionnement de la rectification des eaux-de-vie et esprits. *Voyez* no. 237.

An 14.

337.

5 Vendémiaire. JOURDAN père et fils, négocians à Lyon.

Brevet de 5 années,

Perfectionnement du métier propre à la fabrication des fonds de dentelle en soie, façon anglaise. *Voyez* no. 186.

338.

5 Vendémiaire. HAREL, demeurant à Paris,

An 14.

rue de la Fontaine, près le Jardin des Plantes.

Brevet de 5 années,

Cheminée économique, proposée comme salubre et agréable.

339.

3 Brumaire. A. P. GARROS, ingénieur, demeurant à Paris, rue de Lille, n°. 706.

Brevet de 10 années.

Nouvelle manière de suspendre les voitures.

340.

3 Brumaire. BROCHET, demeurant à Paris, rue Favart, n°. 6.

Brevet de 10 années.

Nouvelles cheminées à reverbère, économiques et portatives.

An 14.

341.

3 Brumaire. CHABANNES, demeurant à Paris, rue de la Pépinière, n°. 789.

Certificat de perfectionnement et d'additions aux voitures dites *Vélocifères*.

Voyez n°. 227.

342.

10 Brumaire. FRANÇOIS MAZELLINE, demeurant à Louviers, département de l'Eure.

Brevet de 10 *années.*

Machine à lainer le drap, imitant le travail des mains.

343.

17 Brumaire. FRANÇOIS BELLEMÈRE, demeurant à Paris, rue Copeau, maison de l'Hospice des Orphelins.

Brevet de 5 années.

Métier à bas à côtes dites *anglaises*, mu par un double levier et balancier.

An 14.

344.

1er. Frimaire. LAVOCAT, capitaine au corps impérial du génie, demeurant ordinairement à Weissembourg, département du Bas-Rhin.

Brevet de 5 années.

Moulinet mu par le vent.

345.

1er. Frimaire. MENAULT, demeurant à Paris, vieille rue du Temple, n°. 74.

Brevet de 5 années.

Nouveaux moulins à feu pour moudre le bled.

346.

8 Frimaire. La dame veuve ADHÉMAR, demeurant à Paris, rue du Buisson-S.-Louis, n°. 22.

Brevet de 5 années.

Machine que l'auteur nomme *Force-Lumière.*

An 14.

347.

15 Frimaire. LOUIS-EZÉCHIAS POUCHET, demeurant à Rouen, rue S.-Nicolas, n. 31.

Brevet de 5 années.

Perfectionnement du système du roulage.

348.

15 Frimaire. HENRI CARTIER, demeurant à Paris, rue Bon-Conseil, nº. 36.

Brevet de 5 années.

Invention dont l'objet est de doubler la force des chevaux, charrettes et chariots, en y adoptant des poulies.

349.

22 Frimaire. JOSEPH-CHARLES JACQUART, demeurant à Lyon, département du Rhône.

Brevet de 15 années.

Métier à filets.

An 14.

350.

22 Frimaire. DECŒUR, demeurant à Paris, rue du Pont de Lodi, no. 5.

Brevet de 10 années.

Machine propre à prévenir l'insalubrité des urines.

351.

22 Frimaire. ISAAC BERARD, fabricant d'eau-de-vie au grand Gallargues, département du Gard.

Certificat d'additions et de perfectionnement de son appareil distillatoire. *Voyez* no. 331.

352.

22 Frimaire. HENRI BRUGNIÈRE, demeurant à Nîmes, département du Gard.

Certificat de changemens apportés à son appareil distillatoire. *Voyez* no. 292.

353.

An 14.

353.

29 Frimaire. JEAN-BAPTISTE DERODÉ-BIÉMONT, fabricant à Reims, département de la Marne.

Brevet de 5 années.

Machine à filer la laine.

1806.

354.

10 Janvier. SINGER et compagnie, demeurant à Mareuil-sur-Ourcq, arrondissement de Senlis, département de l'Oise.

Certificat d'additions et de perfectionnement à leur four à tuiles, chaux, etc. *Voyez* n°. 285.

355.

10 Janvier. BERTRAND-BOURDEUX, à Bayonne, département des Basses-Pyrénées.

Brevet de 5 années.

Scierie portative.

356.

10 Janvier. FLEURY-MEUNIER fils, négociant

1806.

de Lyon, demeurant à Paris, chez le sieur Meunier, son frère, rue Bon-Conseil, cloître S.-Jacques.

Brevet de 5 années.

Procédés relatifs à la fabrication de rubans, palatines, palatins, schalls, moires, velours, etc., ornés de peluché par la trame, en toutes matières filées or et argent, dans toutes les longueurs, rayures, chinures, dessins, en un ou plusieurs lacs.

357.

17 Janvier. Pierre-André Reboul, de Calvisson, département du Gard.

Brevet de 5 années.

Appareil distillatoire pour les eaux-de-vie 3/5 et 3/6.

358.

17 Janvier. Jean-Hyacinthe Bernavon, négociant à Beaucaire, département du Gard.

Brevet de 15 années.

Invention ou perfectionnement de l'invention du moyen d'appliquer le calorique des usines à la distillation et à la vaporation.

359.

24 Janvier. PIERRE-ALEXANDRE COUTURIER, négociant à Lyon, y demeurant, place Bonaparte, n°. 126.

Brevet de 10 années.

Fabrication sur un seul métier et par un seul ouvrier, de plusieurs pièces d'étoffes à-la-fois, telles que taffetas, satins-serge, florences, toiles de coton et de lin, nankins, nankinets, etc.

360.

24 Janvier. CHARLES-MATHIEU BOULANGER, demeurant à Troyes, département de l'Aube.

Brevet de 15 années.

Appareil de blanchiment des toiles par

le moyen du gaz acide muriatique oxigéné.

361.

24 Janvier. GIRARD, frères, demeurant à Paris, rue de la Fidélité, près Saint-Laurent.

Certificat d'un nouveau changement fait aux lampes hydrostatiques. *Voyez* nos. 212, 220, 231, 282 et 309.

362.

24 Janvier. RIFFÉ, demeurant à Paris, rue de l'Observance, no. 8.

Brevet de 15 années.

Perfectionnement des chaises roulantes à bras, dites *Brouettes*.

363.

31 Janvier. LAURENT FOUGEROLLES, à Paris, rue la Vieille-Draperie, no. 8.

Brevet de 10 années.

Mitres de cheminées en terre cuite et

1806.

faîtières de même nature et d'une seule pièce, pour les murs de clôture.

364.

31 Janvier. JEAN-BAPTISTE FOURNIER, pharmacien à Nîmes, département du Gard.

Certificat du changement fait à l'appareil distillatoire. *Voyez* nos. 240, 252.

365.

31 Janvier. GIRARD, frères, à Paris, rue de la Fidélité, près S.-Laurent.

Brevet d'invention et de perfectionnement pour un chandelier mécanique et économique au moyen duquel on peut appliquer les mèches mobiles aux bougies et chandelles.

366.

31 Janvier. CARCEL, demeurant à Paris, rue de l'Arbre-Sec, no. 16, et CARREAU, rue S.-André-des-Arcs, no. 91.

1806.

Brevet de 5 années.

Perfectionnement de leur lampe mécanique. *Voyez* n°. 132.

367.

21 Février. HENRI SIZAIRE, demeurant à Violet, commune de Périac, arrondissement de Carcassonne, département de l'Aude.

Brevet de 5 années.

Procédé relatif au perfectionement de la distillation des eaux-de-vie.

368.

21 Février. DIDIER DELVAU, bottier à Paris, rue Gaillon, n°. 12.

Brevet de 5 années.

Bottes sans couture.

369.

14 Mars. JEAN BERTRAND, entrepreneur de bâtimens et fumiste, à Lyon, rue de la Lune, n°. 65.

1806.

Brevet de 5 années.

Machine propre à prévenir la fumée dans les appartemens.

370.

14 Mars. JEAN-FRANÇOIS BREMOND, entrepreneur de voitures publiques à Lyon, rue S.-Dominique, n°. 72.

Brevet de 5 années.

Voiture plus légère, plus solide et exigeant un moindre nombre de chevaux que les voitures ordinaires.

371.

21 Mars. LOUIS-CHARLES-AMAND FEBURIER, demeurant à Paris, rue de la Loi, n°. 45.

Brevet de 10 années.

Méthode perfectionnée de féconder les terres et de multiplier le produit des grains.

1806.

372.

28 Mars. NICOLAS LIARD, ancien maître de forges à Dijon, département de la Côte d'Or.

Brevet de 15 années.

Nouveau moyen de carboniser le bois.

373.

4 Avril. RUPERT-SPORRER, demeurant à Paris, rue du faubourg Montmartre, n°. 67.

Brevet de 15 années.

Invention d'un nouveau moulin à moudre toute sorte de grains.

374.

11 Avril. ANTOINE BARRÉ, domicilié à Nîmes, département du Gard.

Certificat de changemens, additions et perfectionnement de la machine à distiller. *Voyez* n°. 237.

1806.

375.

25 Avril. ERARD, frères, demeurant à Paris, rue du Mail, n°. 21.

Brevet de 15 années.

Invention, perfectionnement et importation de nouveaux moyens de perfectionner la harpe.

376.

25 Août. ANDRÉ FAVRE, horloger, demeurant à Toulon, département du Var.

Brevet de 15 années.

Invention d'une presse horizontale portative, destinée à presser toute sorte d'objets, et principalement les olives.

377.

25 Août. PIERRE JAUDEAU, demeurant à Liancourt, département de l'Oise.

Brevet de 15 années.

Perfectionnement du métier à bas, pour

1806.

lequel il avait pris un brevet d'invention. *Voyez* n°. 211.

378.

2 Mai. Demoiselle Honorée-Anne-Elisabeth Bascon, domiciliée à Montpellier, département de l'Hérault.

Brevet de 10 *années.*

Invention d'un procédé qui donne du trois-sixième par une seule opération ou même chauffe, sans s'écarter des principes de la distillation.

379.

2 Mai. Dame veuve Garnet, demeurant à Paris, rue et hôtel Sainte-Marguerite.

Brevet de 10 *années.*

Invention d'une machine à filer la laine peignée.

380.

2 Mai. Pierre-Charles de la Boulaye,

1806.

demeurant à Paris, chez le sieur *Doremieux*, peintre, rue des Fossés M. le Prince, n°. 4.

Brevet de 10 années.

Invention d'un procédé propre à fixer les couleurs d'un grand nombre d'oxides métalliques.

381.

9 Mai. Louis Japy fils, fabricant horloger à Beaumont, arrondissement de Belfort, département du Haut-Rhin.

Brevet de 15 années.

Invention d'une machine composée d'un tour et d'une presse propres à fabriquer des vis et des cloux d'épingles.

382.

9 Mai. Thilorier, demeurant à Paris, rue neuve des Capucines, n°. 7.

Perfectionnement des cheminées, poëles et fourneaux fumivores. *Voyez* n°s. 126 et autres.

383.

16 Mai. Cochui, propriétaire à S.-Germain-en Laye, et Arselin, mécanicien, demeurant à Paris, rue S.-Dominique.

Brevet de 15 années.

Invention d'une machine propre à monter ou descendre l'eau, les terres et autres objets quelconques.

384.

16 Mai. Bergeaud, horloger, demeurant à Paris, rue Bertin-Poiré, nº. 4.

Brevet de 10 années.

Invention d'une machine hydraulique propre à élever l'eau et les fardeaux.

385.

16 Mai. Firmin Didot, graveur de l'imprimerie impériale, demeurant à Paris, rue du Regard.

Brevet de 10 années.

Invention d'un procédé avec lequel il

grave et fond les caractères d'écriture, et surtout le caractère dit *anglaise*, sans interruption dans les liaisons.

386.

23 Mai. PIERRE KOCH, demeurant à Paris, rue Thévenot, n°. 25.

Brevet de 10 années.

Invention d'un nouveau fourneau propre à la carbonisation du bois.

387.

30 Mai. PIERRE DAUJON l'aîné, demeurant à Paris, rue des Vieux-Augustins, n°. 40.

Brevet de 5 années.

Invention d'une machine propre à changer de lits les malades et blessés, sans leur faire éprouver ni secousses, ni douleurs.

1806.

388.

30 Mai. Isaac Berard, fabricant d'eau-de-vie, résidant dans la commune du Grand-Gallargue, département du Gard.

Certificat de perfectionnement de l'appareil distillatoire. *Voyez* nos. 331 et 351.

389.

4 Juin. Jean-Baptiste Michel, de Marseille.

Brevet de 5 années.

Procédé relatif au raffinage du souffre.

390.

6 Juin. Seguin, ferblantier, demeurant à Paris, cour Mandar, no. 5.

Brevet de 5 années.

Invention d'une nouvelle lampe à double courant d'air.

391.

6 Juin. Colon, mécanicien, demeurant à Paris, rue de la Jouaillerie.

1806.

Brevet de 10 années.

Invention d'un nouveau laminoir mécanique, d'un fourneau à reverbère, et d'une fonderie et d'un manchon propre à toutes les usines.

392.

6 Juin. VAUTRIN, demeurant à Paris, rue du faubourg S.-Denis, nº. 89.

Brevet de 5 années.

Invention d'une machine propre à faire mouvoir à-la-fois 50 métiers propres à la fabrication de toutes sortes de tissus.

393.

6 Juin. CLAUDE RODIER, demeurant à Paris, petite rue S.-Roch, nº. 10.

Brevet de 5 années.

Invention d'une machine propre à tirer parti des épluchures et déchets du coton.

394.

13 Juin. Pierre Gros, propriétaire, demeurant à Montpellier, département de l'Hérault.

Brevet de 5 années.

Invention d'une machine pour la dépiquaison des grains.

395.

13 Juin. Fleury Meunier, manufacturier à Lyon.

Brevet de 5 années.

Inventions de moyens de fabriquer des mousselines en soie.

396.

20 Juin. Berlioz, demeurant à Paris, rue de Marivaux, n°. 7.

Brevet de 5 années.

Invention d'une voiture qu'il nomme *Patache volante.*

1806.

397.

20 Juin. HADROT, ferblantier, demeurant à Paris, rue S.-Sauveur, no. 43.

Brevet de 5 années.

Invention d'une caffetière filtrante, sans ébullition et à bain d'air.

398.

20 Juin J.-G. DE CROOS, fabricant à Bagnolet, près Paris.

Brevet de 10 années.

Invention de procédés relatifs à la fabrication des savons royaux de Windsor.

399.

20 Juin. JAMES WHITE, demeurant à Paris, rue Popincourt, no. 52, en société avec POBECHEIM.

Perfectionnement du système des machines propres à filer toutes sortes

1806.

de matières filamenteuses. *Voy.* nos. 275 et 328.

400.

20 Juin. François Leblanc-Paroissieu, machiniste, demeurant à Rheims, département de la Marne.

Perfectionnement de la machine à tondre les étoffes. *Voyez* nos. 232 et 258.

401.

27 Juin. François Rotch, domicilié à Bordeaux et y demeurant, maison Fonfrède.

Brevet de 15 années.

Perfectionnement des bateaux propres à la pêche de la baleine et autres bâtimens légers.

402.

27 Juin. Argaud, demeurant à Paris, rue du Croissant, no. 20.

Brevet de 5 années.

Deux objets de perfectionnement ajoutés à la lampe à double courant d'air d'*Argaud*, consistant, l'un, à la rendre inextinguible, quoique exposée en plein vent; l'autre, à raccorder son bec sans soudure.

403.

27 Juin. JEAN STEVENSON, domicilié à Creil-sur-Oise.

Brevet de 5 années.

Invention d'un procédé avec lequel il applique des peintures herborisées sur toute espèce de faïence.

404.

27 Juin. JEAN-BAPTISTE MOLLERAT, actuellement à Paris, rue Montmartre, n°. 22.

1806.

Brevet de 15 années.

Invention d'un procédé avec lequel il fabrique artificiellement de la soude.

Fin de la Notice des Brevets.

TABLE ALPHABÉTIQUE

Des Inventions, Découvertes, Procédés et Objets d'Industrie et d'Arts contenus dans la Notice précédente.

A.

B.

C.

D.

Distillation;

E.

F.

G.

H.

I.

J.

L.

M.

Moulin

N.

O.

P.

Q.

R.

S.

Semoir

T.

U.

V.

Fin de la Table alphabétique des Matières.

TABLE ALPHABÉTIQUE

Des Inventeurs, Auteurs et Artistes Brevetés.

A.

B.

C.

D.

E.

F.

G.

H.

I.

J.

K.

contributions, sur lequel un juge sera commis par le président, sur la réquisition du saisissant ou, à son défaut, de la partie la plus diligente; cette réquisition sera faite par simple note portée sur le registre.

659. Après l'expiration des délais portés aux art. 656 et 657, et en vertu de l'ordonnance du juge-commis, les créanciers seront sommés de produire, et la partie saisie de prendre communication des pièces produites, et de contredire, s'il y échet.

660. Dans le mois de la sommation, les créanciers opposans, soit entre les mains du saisissant, soit en celles de l'officier qui aura procédé à la vente, produiront, à peine de forclusion, leurs titres ès mains du juge-commis, avec acte contenant demande en collocation et constitution d'avoué.

661. Le même acte contiendra la demande à fin de privilége; néanmoins le Propriétaire pourra appeler la partie saisie et l'avoué plus ancien en référé devant le juge-commissaire, pour faire statuer préliminairement sur son privilége pour raison des loyers à lui dus.

662. Les frais de poursuite seront prélevés, par privilége, avant toute créance autre que celle pour loyers dus au propriétaire.

prescrit par l'article 75.

640. L'exploit de saisie vaudra toujours saisie-arrêt des arrérages échus et à échoir jusqu'à la distribution.

641. Dans les trois jours de la saisie, outre un jour pour trois myriamètres de distance entre le domicile du débiteur de la rente et celui du saisissant, et pareil délai en raison de la distance entre le domicile de ce dernier et celui de la partie saisie, le saisissant sera tenu, à peine de nullité de la saisie, de la dénoncer à la partie saisie, et de lui notifier le jour de la première publication.

642. Lorsque le débiteur de la rente sera domicilié hors du continent de l'Empire, le délai pour la dénonciation ne courra que du jour de l'échéance de la citation au saisi.

643. Quinzaine après la dénonciation à la partie saisie, le saisissant sera tenu de mettre au greffe du tribunal du domicile de la partie saisie le cahier des charges contenant les noms, professions et demeures du saisissant, de la partie saisie et du débiteur de la rente; la nature de la rente, sa quotité, celle du capital, la date et l'énonciation du titre en vertu duquel elle est constituée; l'énonciation de l'inscription, si le titre contient hypothèque, et si aucune a été prise pour la sûreté de la